La régionalisation en Afrique

Abdoul Salam BELLO

La régionalisation en Afrique

Essai sur un processus d'intégration et de développement

L'Harmattan

5-7, rue de l'Ecole-Polytechnique, 75005 Paris

http://www.harmattan.fr

ISBN : 978-2-343-11996-0
EAN : 9782343119960

A mes grands-parents.

Introduction

> *« L'Afrique, aussi loin que remonte l'histoire, est restée fermée, sans lien avec le reste du monde ; c'est le pays de l'or, replié sur lui-même, le pays de l'enfance, qui, au-delà du jour de l'histoire consciente, est enveloppé dans la couleur noire de la nuit »*
>
> **G.W.F. Hegel**
> In *La raison dans l'histoire. Introduction à la philosophie de l'histoire*, UGE, 1965, p.247.

Cet ouvrage est un essai sur un phénomène observable dans différentes aires géopolitiques : la régionalisation des économies et de l'action politico-stratégique. La régionalisation accompagne la mondialisation : en s'articulant entre le local et le global, elle relocalise les avantages et les inconvénients de l'ouverture des économies nationales et des espaces territoriaux jusque-là souverains. Si le phénomène est mondial, nos analyses partiront d'une définition visant à préciser ses enjeux pour le continent africain. Tout d'abord, qu'entendons-nous par régionalisation ? Quelles en sont les caractéristiques et les réalités ?

1. Qu'est-ce que la régionalisation ?

Etymologiquement, la régionalisation vient du mot français « *région* », lui-même est dérivé du latin *regio*, dont le sens premier englobe à la fois les notions de contrée, de territoire spécifique et de région. L'économiste Jean-Marc Siroen a indiqué que les mots de région et de régionalisation sont ambigus : ces termes « font à la fois référence à une partition des États-nations en « provinces » et au regroupement de ces mêmes États-nations dans des ensembles politiques ou économiques plus ou moins fédérés. »[1]. Pour lever cette ambiguïté, disons, d'emblée que cet ouvrage considère la régionalisation dans le sens de « partition du monde » qu'exprime le regroupement des Etats. Dans ce sens, « l'intégration régionale lie des pays géographiquement proches entre lesquels les relations économiques tendent à s'affranchir des frontières politiques pour favoriser la formation de marchés intégrés. »[2]

La régionalisation ne se conçoit donc qu'en référence aux énoncés connexes de mondialisation, de décentralisation, de gouvernance territoriale, et de libre circulation des marchandises, qui sont à la fois des cadres opérationnels et les conditions de possibilité *a priori* de l'expansion de l'économie de marché. Pour autant, sur la définition et l'interprétation de la régionalisation, la perspective économique n'est ni exclusive, ni complète. Une discussion des rapports entre intégration régionale, régionalisation, régionalisme, proposée notamment par la géographie[3], permet d'ailleurs de percevoir les limites de l'approche économique et des études internationales. Dans la perspective de cet ouvrage, les approches non économiques permettent, à terme, de saisir des nuances utiles à une problématique mesurée de la régionalisation en Afrique subsaharienne à l'heure de la mondialisation. Dans tous les cas, et en plus de sa dimension économique, la régionalisation peut être perçue comme un fait de modernisation de l'Etat souverain et de son rapport au territoire.

En effet, comme processus de décentralisation, la perspective régionale implique un abandon de souveraineté, notamment sur certains aspects précis de l'administration de la vie quotidienne au profit des échelles plus locales. Plutôt que d'y voir un simple processus de transformation des Etats en « provinces » comme le suggère Jean-Marc Siroen (*op.cit.*), on peut prétendre au contraire que la régionalisation est une déconcentration administrative qui a des atouts en termes de

---

[1] Jean-Marc Siroen, *La régionalisation de l'économie mondiale,* Paris, La découverte [2000], 2004, Introduction, p.3.

[2] *Idem.*

[3] Richard, Yann. "Régionalisation, régionalisme et intégration régionale: concepts flous et nécessaire clarification." La régionalisation du monde. Construction territoriale et articulation global/local (2014): 23.

contrôle local des processus de décision : au désistement bureaucratique des structures publiques centralisées succéderait ainsi une plus grande proximité entre citoyen de base et Etat. Dans cette perspective, « la notion de régionalisation est généralement comprise dans un sens étroitement institutionnel. On l'oppose ainsi au régionalisme qui est un courant politique ou idéologique.

Par régionalisation, on entend généralement la création d'un nouvel échelon dans l'organisation territoriale ; les nouvelles institutions peuvent beaucoup varier en ce qui concerne les organes, les compétences et les pouvoirs de la région, mais elles se superposent toujours aux institutions locales existantes. »[4]. Gérard Marcou en conclut que la régionalisation accepterait « une définition large incluant des régions qui sont simplement des échelons subordonnés de l'administration, ou au contraire une définition étroite qui ne retient, comme expression de la régionalisation, que des régions collectivités territoriales, qui peuvent encore se différencier en fonction de leur statut constitutionnel. Le régionalisme au contraire correspond à l'idée que la région se définit par un ensemble de caractéristiques humaines, culturelles, linguistiques ou autres, qui justifie d'en faire un corps politique auquel une autonomie plus ou moins large doit être reconnue »[5].

Nous développerons l'idée que la régionalisation est une pratique qui peut contribuer au renforcement de la productivité et de la croissance des sociétés africaines sans forcément nuire à l'autonomie et à l'unité des ensembles postcoloniaux. Pour ce livre, la régionalisation est donc perçue comme un processus d'intégration régionale, que le Rapport 2013 de la Banque mondiale sur la compétitivité de l'Afrique considère comme « la clef de l'avenir de la compétitivité de l'Afrique »[6]. Pour le

---

[4] Marcou, Gérard. *La régionalisation et ses conséquences sur l'autonomie locale.* Vol. 64. Council of Europe, 1998, p.9.

[5] *Idem.*

[6] Banque mondiale, communiqué de presse, « L'intégration régionale est la clef de l'avenir de la compétitivité de l'Afrique », Le Cap, 9 mai 2013, voir sur http://www.banquemondiale.org/fr/news/press-release/2013/05/09/regional-integration-key-to-africa-s-future-competitiveness

Forum économique mondial, « La croissance de l'Afrique doit être replacée dans le contexte international plus large, où les gains encourageants dans la croissance économique contre-disent la faiblesse sous-jacente de sa compétitivité à long terme. L'intégration régionale est la clef qui permet de remédier à cette faiblesse en apportant des avantages économiques et sociaux plus larges ; elle devrait donc être considérée comme prioritaire par les dirigeants africains qui cherchent à garantir que l'Afrique tienne ses promesses »[7].

Pour le présent ouvrage, l'idée de l'intégration régionale semble plus stimulante que celle d'un simple élargissement des espaces d'échanges marchands, développée notamment par l'orthodoxie économiste. En effet, l'intégration régionale dépasse largement le simple cadre des échanges économiques : c'est un phénomène politique associé à la globalisation qui, selon Jacques Adda, « place la question du pouvoir au cœur des relations économiques internationales. Si elle ne constitue pas une alternative à la mondialisation, elle dessine les chemins d'une autre gouvernance dans le cadre d'une économie mondialisée »[8].

2. Conjoncture africaine

La position de Jacques Ada nous semble stimulante, dès lors qu'elle indique clairement que l'intégration régionale est une échelle de regroupement politico-économique qui en fait un acteur et une limite de la mondialisation. Si la résolution de ce paradoxe du global et du local fait désormais partie du quotidien de plusieurs aires géopolitiques, il faut reconnaître que pour l'Afrique, les choses ne sont pas aussi simples. Ce livre s'inscrit dans la continuité des constats sur le faible niveau

---

[7] *Ibid.*

[8]Jacques Adda, « La régionalisation du monde », *Alternatives Economiques* n° 316 - septembre 2012, disponible sur http://www.alternatives-economiques.fr/la-regionalisation-du-monde_fr_art_1162_60131.html. Voir aussi Ténier, Jacques. « Intégrations régionales et mondialisation: complémentarité ou contradiction. », No. 5170-5171. *La documentation française*, 2003.

de prise de conscience des enjeux de l'intégration régionale, que nous faisions, notamment au lendemain du *Brexit* (2016), et qui peuvent se renouveler suite aux réactions qui accompagnent la réintégration du Maroc à l'Union Africaine (2017).

En effet, et nonobstant son statut particulièrement favorable au développement d'une autonomie économique (conservation d'une monnaie nationale, la Livre Sterling, plutôt que l'arrimage à la zone euro ; clause d'*opting-in* sur les accords de Schengen, dont il n'applique que les dispositions qui lui conviennent, etc.), le Royaume-Uni a quitté l'Union Européenne par voie référendaire le jeudi 23 juin 2016. Nous avions noté à cette occasion que si les conséquences économiques du *Brexit* étaient marginales pour le continent africain, il fallait en revanche avoir conscience que « sur le plan politique, le *Brexit* sera un marqueur pour les politiques d'intégration régionale en Afrique et dans le reste du monde.»[9]. A ce sujet, nous remarquions que le *Brexit* montre clairement les limites d'une intégration à la carte : le Royaume-Uni a toujours eu le choix entre le continent européen et le grand large, que proposent les Etats-Unis d'Amérique, avec qui il a des relations privilégiées. A y regarder de plus près, le nouveau président Donald Trump a réservé sa première réception d'un dirigeant étranger à la Première Ministre britannique Theresa May, arrivée au pouvoir à la suite du vote du Brexit.

Contrairement aux Britanniques écartelés entre les Etats-Unis et l'Europe jusqu'au *Brexit*, les Africains ne s'inscrivent pas dans une même dynamique. Mais en même temps, en Afrique, « nous voyons les processus d'intégration freinés du fait des demandes d'exception ainsi que par les débats autour de la question de la souveraineté versus la délégation d'autorité aux communautés économiques régionales. Il est par conséquent important de trouver un point d'équilibre entre les exigences de souveraineté et la flexibilité que requièrent les

[9] Abdoul Salam Bello, « Intégration régionale : quelles leçons les États africains devraient-ils tirer du Brexit ? », in *Jeune Afrique magazine*, mis en ligne le 12 juillet 2016, disponible sur
http://www.jeuneafrique.com/341158/politique/integration-regionale-lecons-etats-africains-devraient-tirer-brexit/

processus d'intégration. »[10] Nous avons aussi noté que l'intégration africaine n'a pas encore pris suffisamment en compte les besoins et le point de vue des populations. Or s'il est un enjeu politique important des prochaines décennies, c'est bien celui de l'implication des peuples dans les processus d'intégration régionale.

Le 30 janvier 2017, la réintégration du Maroc à l'Union Africaine (UA), que ce pays avait quitté en 1984 en raison de la reconnaissance de la République arabe sahraouie démocratique (RASD) par l'organisation panafricaine, a réveillé de vieux démons. Si une quarantaine de pays étaient pour un retour sans condition du Maroc à l'UA, une dizaine d'Etats étaient ouvertement contre[11]. En tête, les Etats anticolonialistes (Algérie, Angola, Afrique du Sud) et les pays de l'Afrique australe qui constituaient l'ancienne « Ligne de Front » à l'époque de la lutte contre l'apartheid.

En tout cas, et au lieu de rassembler les pays africains, le retour du Maroc a révélé que « La coupure était nette entre les pays d'Afrique australe, les plus réticents, et ceux d'Afrique de l'Ouest et du Centre »[12]. Il s'ensuit que le processus d'intégration si cher à l'Union africaine peut encore se heurter à de vieilles querelles idéologiques d'origine (post) coloniale.

Par-delà ces querelles idéologiques et politiciennes, nous pensons dans ce livre que le processus d'intégration africaine est quelque peu laborieux probablement en raison de l'histoire individuelle et collective des unités politiques postcoloniales, de l'étroitesse, voire même de l'absence des marchés et de la vision politique et stratégique des Etats. Dans le même temps, et si la part de l'Afrique dans les échanges globaux reste très marginale, le dynamisme du continent semble désormais à la participation à la chaîne des valeurs mondiales. En effet, selon le rapport 2015 de la Commission Economique des Nations Unies pour l'Afrique (UNECA), « Les chaînes de valeur sont

---

[10] *Idem.*

[11]Source : Le Monde Afrique « A Addis-Abeba, le Maroc gagne son retour dans l'Union africaine en savoir plus sur http://www.lemonde.fr/afrique/article/2017/01/30/l-union-africaine-decide-de-reintegrer-le-maroc

[12] Source : Le Monde Afrique, *op.cit.*

un aspect important de l'économie mondiale d'aujourd'hui. Les pays africains y prennent une part très active, mais en restant tout au bas de l'échelle, à un niveau insuffisant pour garantir leur transformation structurelle. L'Afrique doit s'attacher à améliorer son intégration en amont, à augmenter la part que représente la valeur ajoutée dans ses exportations, en étendant à d'autres domaines de l'économie la dynamique des chaînes de valeur mondiales. **L'intégration commerciale d'une région** la rend plus attrayante aux yeux des **entreprises porteuses des chaînes de valeur mondiales**. Les **échanges intra régionaux** de produits transformés selon des chaînes de valeur régionales se présentent dès lors comme la **première occasion à saisir par les entreprises africaines** »[13].

De ce point de vue, la régionalisation se présente dans l'Afrique contemporaine comme une opportunité en vue d'une participation plus efficace du continent à « la dynamique des chaînes de valeur mondiales ». Pour sa part, la technoscience a produit des microsystèmes qui se globalisent, comme le réseau satellitaire et les TIC (Technologies de l'Information et de la Communication). Les nanotechnologies et la cyber-science expriment et supportent la diffusion des TIC en développant des semi-conducteurs et des applications qui sont utilisés dans les ordinateurs, la télémédecine, les téléphones portables et autres systèmes robotisés pour améliorer la qualité de la vie humaine. Aujourd'hui, être, c'est être connecté à ces microsphères qui organisent et régulent nos vies à l'échelle globale : se servir d'un ordinateur, envoyer et recevoir un courriel, communiquer avec un téléphone portable et les logiciels incorporés (WhatsApp, Skype, Facebook, etc.) font désormais partie des marqueurs de l'appartenance à un monde globalisé et inter-connecté. Par leur volonté politique et stratégique, plusieurs pays émergents (Chine, Inde, Brésil, etc.) sont désormais des *global players,* incorporés à divers titres à ces macrostructures et microsystèmes qui comptent dans la mondialisation et la

[13] UNECA, *Rapport économique sur l'Afrique 2015 : l'industrialisation par le commerce,* chap.4, p.100, nous soulignons. Disponible sur http://www.uneca.org/sites/default/files/uploaded-documents/ERA/ERA2015_Fr/chap4.pdf.

régionalisation de l'économie. Mais où est l'Afrique dans tout cela ?

La réponse objective à cette question est claire : *l'Afrique est absente des lieux et des jeux à grands enjeux stratégiques et économiques.* Pour autant, faut-il s'en tenir à cette réponse, empreinte de pessimisme et de découragement ? En d'autres termes, faut-il donner raison à la position hégélienne citée en exergue de cette introduction, et reprise au début des années 1990 sous le concept de la « déconnexion par défaut »[14]du continent africain ? Devons-nous continuer de recasser le poncif hégélien de « l'enclavement » du continent, de penser la « banalisation de la guerre comme mode de régulation » ou -et c'est la même chose- décrire tout le temps long des rapports de l'Afrique à l'Europe uniquement sous le prisme de l'extraversion ? [15]

La réponse de cet ouvrage à l'ensemble de ces questions est clairement non. Si les difficultés persistent, des marges de manœuvre existent. Des experts économiques considèrent qu'il faut voir le verre africain « à moitié plein »[16], ajoutant néanmoins que l'Afrique a besoin de créativité humaine et de renouvellement stratégique[17]. Des dynamiques de diversification économique et de développement durable s'éveillent en Afrique, qui aboutiront à un développement véritable du continent grâce à une régulation raisonnable et à une communication interrégionale intégrée : « Regulation can impact on the comparative environment by increasing the cost of doing business (…) Integrated reporting contributes to

---

[14] Bach, Daniel C. « Afrique: la déconnexion par défaut ». *Études internationales*, vol. 22, no. 2, 1991.

[15] Sur ce point, voir Leguil-Bayart, Jean-François. "L'Afrique dans le monde: une histoire d'extraversion." *Critique internationale,* 5.5 (1999): 97-120.

[16] PWC, *The Africa business agenda. Seeing the glass half-full,* May 2016, 5th edition.

[17] «There is a need for a new, unconventional growth strategy that builds on and enhances companies' existing capabilities. This will create more shareholder value than seeking out markets purely based on their intrinsic attractivieness"(Jorge Camarate, Strategy & Partner PwC South Africa, in PWC, *The Africa business agenda, op.cit.,* p.13).

transparency about a business's strategy and impact on the economy as a whole »[18].

Cet ouvrage va dans le même sens, considérant qu'à la condition de travailler sur le fond des problèmes, une vision optimiste de l'avenir du continent africain est légitime. Si, pour des raisons historiques déjà identifiées et débattues, l'Afrique subit un ordre de domination et de globalisation qui s'est organisé sans elle, il revient à ce continent de penser, de poser et d'opposer ses propres considérations aux logiques dominantes. Mais cela ne peut plus se faire dans l'intimité des Etats séparés et dans la tête des soi-disant « hommes providentiels ». Seule la force de la régionalisation et la régionalisation des forces civiles et politiques pourraient avoir raison des pesanteurs qui travaillent contre une Afrique qui bouillonne de talents et qui veut aller de l'avant et vers le monde.

3. Problématique, hypothèses et articulations

La régionalisation est devenue une contrainte dans le domaine sécuritaire en Afrique. Selon Thiery Vircoulon, « Face aux nouveaux défis sécuritaires du continent africain – le djihadisme et la piraterie –, un nouveau régionalisme sécuritaire est présenté comme la solution. Les partenariats régionaux de sécurité se sont récemment multipliés : G5 au Sahel, la Force multinationale conjointe dans le bassin du lac Tchad (plus connue sous son acronyme anglais MNJTF), centres régionaux de sécurité maritime dans le golfe de Guinée, etc. »[19]. Mais « vieille idée dans une bouteille neuve » ou « nouvelle idée dans une vieille bouteille », le régionalisme sécuritaire répond à l'urgence, et de surcroît sans certitude de résultat : l'ennemi bouge, les jeux d'intérêts et les stratégies des acteurs aussi. La régionalisation dont parlera ce livre est une approche froide de

[18] Anne Eriksson, Country and Regional Senior Partner for PwC in Kenya and East Africa, "Building trust and a shared sense of purpose", in PWC, *The Africa business agenda, op.cit.*, p.29-30.

[19] Thierry Vircoulon, « L'Afrique à l'heure du nouveau régionalisme sécuritaire », disponible sur http://theconversation.com/lafrique-a-lheure-du-nouveau-regionalisme-securitaire-72945

ce que l'Afrique peut devenir pacifiquement si ses différents Etats mutualisaient leurs forces à l'échelle d'une nouvelle approche du voisinage. La régionalisation est ici analysée comme une approche stratégique pour une reconnexion de l'Afrique au monde. La démarche consiste à considérer que ce mode d'action politique et économique est, au fond, une ressource de la *wishful thinking* africaine à l'heure de la globalisation. En dépit des contraintes structurelles du contexte africain, la régionalisation est un challenge et une ressource stratégique pour arrimer l'Afrique aux différentes arènes où se décide l'avenir du continent et du monde. Avec ses ressources et ses problématiques endogènes, l'Afrique doit être présente dans la macro-sphère et les microsphères des chaînes de décision et d'influence de la mondialisation et des microsystèmes qui circulent en son sein.

Cet ouvrage a donc pour projet de montrer comment l'intérêt régional peut servir d'outil stratégique pour cette mutation nécessaire du continent africain engagé dans la globalisation. Au fond, l'intégration régionale introduit à une nouvelle ère de politisation de l'économie et des rapports sociaux : à l'échelle de cet essai, elle incite à réfléchir les processus et les enjeux africains de ce phénomène global en articulant économie, pouvoir et significations géopolitiques très locales de ce modèle émergent de relations interétatiques. La régionalisation n'est donc pas qu'un effet de l'économie globalisée, qui ferait de la construction des espaces supranationaux et de la contraction du domaine de souveraineté des contraintes. Il s'agit plutôt d'un outil stratégique de la modernisation des économies. Dans le contexte africain, il s'agit aussi de trouver un cadre pour traduire politiquement des réalités sociologiques et des ressources spécifiques qui existent : le local africain doit être une chance à l'heure de la mondialisation. Dès lors, comment intégrer, maîtriser et faire fructifier ce phénomène pour un développement épanouissant des Africains ?

L'hypothèse principale de cet essai est que si la régionalisation est un phénomène qui émerge à la fin de la seconde guerre mondiale, et qui s'accélère avec la globalisation de l'économie, elle marque une transformation de fond dans la gouvernance. L'Afrique doit intégrer cette transformation et la considérer comme axe stratégique de son développement, précisément parce qu'elle permet entre autres de tirer un meilleur profit de cette globalisation. Pour développer cette hypothèse, l'ouvrage se construit à partir d'une problématique intégrant plusieurs questions et un certain nombre de considérations.

D'abord, l'histoire politique de la régionalisation. Même si cette nouvelle forme d'organisation de la coopération entre Etats voisins ne s'impose clairement qu'après la fin de la guerre froide (1989), elle prend son origine dès la fin de la deuxième guerre mondiale, dont les dégâts ont contraint à repenser l'ordre des relations internationales. Nous montrerons en début d'analyse comment l'invention de la modernité économique internationale est liée à la mise en place d'institutions de Brettons Woods, et consacrées à la régulation de la finance et du commerce mondial : le Fonds Monétaire International, la Banque Mondiale et le GATT (General Agreement on Tariffs and Trade). Mais la régionalisation concrète commence avec la décision des ennemis d'hier (la France, l'Italie et l'Allemagne notamment), de vivre aujourd'hui et demain en bons voisins.

L'histoire de la Communauté Européenne du Charbon et de l'Acier (CECA) entre les six nations de l'Europe de l'ouest qui étaient en première ligne de ce conflit, peut être considérée comme la première forme d'organisation concrète d'une entité régionale de contrôle politique partagé des ressources stratégiques. Ce cas d'école doit permettre de montrer comment la régionalisation moderne est née de la volonté de rendre impossible une nouvelle déflagration mondiale et d'intégrer progressivement l'ensemble des ressources vitales à la vie en commun au sein d'institutions supranationales dédiées à une gestion commune. Comment cette forme d'organisation politique s'est-elle ensuite répandue, au point d'être considérée aujourd'hui comme un phénomène global ? Quelle cartographie et quels contenus de la régionalisation ? Que nous apprennent les difficultés actuelles des politiques régionales européennes (crise récente de l'euro, de la Grèce, de l'harmonisation fiscale, de la gestion des flux migratoires en provenance des aires géopolitiques en décomposition, etc.) sur la nécessité et les limites de la régionalisation ?

Ensuite, la régionalisation en Afrique : révolution contemporaine ou renouveau du panafricanisme ? Nous allons y répondre en considérant que la régionalisation est un concept opérationnel de facture géographique, économique et géopolitique, qui mobilise la promotion des valeurs et des contraintes partagées en vue d'un progrès (sous) -régional. Si les Africains tardent à s'emparer de la régionalisation, une évolution capitale de ce concept au Sud est en passe de changer la face des régulations mondiales : l'émergence, dans la globalisation, des régions virtuelles, regroupant des Etats sans frontières communes (les BRICS, l'OTAN et divers regroupements transatlantiques), qui développent des politiques communes en matière de sécurité, de commerce, de culture, etc. Cette évolution va désormais vers une segmentation à terme des institutions économiques et stratégiques internationales, là où des agences internationales exerçaient une autorité quasi-incontestée dans leurs domaines de compétence. A ce titre, la création de la Nouvelle banque de développement et de la Banque asiatique d'investissement dans les infrastructures constituent un tournant dans la mesure où ces deux nouvelles institutions ont vocation à concurrencer le Fonds Monétaire International et la Banque Mondiale dans l'appui aux pays en développement. De même, la politique de circulation des biens, des services et de la sous-traitance des marchés publics et privés, etc., se développe dans le cadre des formes souterraines et transnationales de régionalisation : le commerce de contrebande est une forme de régionalisation transnationale et par le bas. Un exemple illustratif est le commerce informel entre le Nigéria et le Cameroun, qui partagent 2000 km de frontières mais qui sont situés dans deux aires géographiques distinctes et aux frontières officiellement cloisonnées. Cette régionalisation par le Sud et par le bas, est l'un des signaux qui indiquent que l'ordre des organisations onusiennes sera progressivement bousculé : les Organisations traditionnelles devront désormais partager leur autorité et composer avec les organisations régionales, qui se voudront plus innovantes, réactives et agressives dans leurs modèles opérationnels.

Face à ces évolutions géopolitiques dues à la régionalisation des stratégies politiques et de l'économie mondiale, répondre à quelques questions-clés permettra de cerner l'histoire et la cartographie africaines de la régionalisation : qu'est-ce qui a poussé aux regroupements des Etats, et quel est l'état des lieux de l'intégration régionale en Afrique ? Quels sont les marqueurs de spécificité par bloc régional ? Que peut-on apprendre d'une expérience comme celle du NEPAD dans la formation d'une puissance institutionnelle dans la régionalisation africaine ? La transversalité et la supranationalité sont-elles possibles dans une culture régionale qui n'a pas cessé de se percevoir comme un assemblage de souverainetés « nationales » ? Quels sont, pour l'Afrique, les coûts désagrégés (par région) et intégrés (à l'échelle continentale et sur plusieurs générations) de cette résistance du national et du leadership individuel de certains Etats ? Ces questions amènent à penser les enjeux africains de la régionalisation à l'heure de la globalisation : à qui profite la régionalisation (par défaut) actuellement constatée en Afrique ? Comment cette régionalisation par défaut permet-elle de penser la double relation entre : 1) dépendance et indépendance dans la régionalisation et 2) pouvoir, économie, société et émancipation dans la régionalisation ?

En somme, le but de cette étude est de montrer que la régionalisation ne peut être véritablement africaine et tirer le plus large profit de la globalisation que si elle est l'expression d'une approche locale et participative, marquée par l'égalité homme-femme, la réduction des écarts villes/campagnes et la décentralisation effective. Par-delà, le livre doit pouvoir faire le lien entre histoire locale, traditions, espace global et pouvoir local, réhabiliter le local pour ne pas décrire une régionalisation qui pourrait servir exclusivement les besoins de la marchandisation économique que fustige par exemple l'analyse systémique de Samir Amin[20].

Ces points étant fixés, cet ouvrage se déclinera en trois parties. La première partie analyse les principales interactions qu'il y a entre régionalisation et globalisation. Après un retour sur la naissance et la modernité des institutions dédiées à la gouvernance globale de la finance et du commerce international

[20]Amin, Samir. "La nouvelle mondialisation capitaliste. Problèmes et perspectives." *Alternatives Sud* 1.1 (1994): 19-44.

des marchandises (chapitre 1), nous proposons une géographie sommaire de la régionalisation, avec une analyse de contenus (chapitre 2). La deuxième partie aborde la question de la régionalisation du point de vue africain. Nous proposons une brève histoire et un état des lieux de la régionalisation africaine (chapitre 3). Si le bilan de ce processus conduit presque partout à un constat d'échec, nous proposons de dépasser le cadre économique pour comprendre cet échec à partir de l'affrontement et de la concurrence des idéologies (panafricanisme, souverainisme, « Etat développeur », néolibéralisme) qui ont fleuri sur le continent depuis les indépendances (chapitre 4). La troisième partie est consacrée à un décryptage des situations historiques de la régionalisation : la régionalisation par défaut, qu'on observe autour de la situation de la « Zone Franc » (chapitre 5), et l'expérience du NEPAD (chapitre 6). Enfin, le chapitre 7 repense l'intégration régionale africaine au travers des enjeux d'une promotion de l'interaction de la société civile et des entrepreneurs politiques autour de l'opérationnalisation des projets supranationaux précédemment identifiés et discutés.

PREMIÈRE PARTIE :
GLOBALISATION ET RÉGIONALISATION

« De l'or seul tout dépend, vers l'or que l'on se presse. »

Marguerite Faust, *Goethe.*

Cette première étape de l'analyse se propose de cerner les contours de l'intégration régionale et ses interactions avec la mondialisation des échanges, notamment économiques. Si nous traitons du cas spécifique de l'Afrique en deuxième partie, l'idée est de soutenir, à partir de l'observation des zones dynamiques, l'hypothèse de la régionalisation de l'économie mondiale. Le travail consistera à saisir les moments-clés de l'émergence des institutions chargées de la régularisation de l'économie mondiale : une brève histoire du Fonds Monétaire International (FMI), de la Banque Mondiale (BM) et du GATT sera proposée pour montrer comment l'émergence de ces institutions supranationales inaugure la modernité économique dans laquelle s'insère le phénomène régional (chapitre 1). Il s'agira ensuite de démontrer le fait que le système global est un maillage des blocs économiques territorialisés plus ou moins incorporés, au point de mutualiser, dans le cas d'une intégration régionale avancée (l'Union Européenne), les politiques publiques qui communautarisent des pans entiers de la gouvernance des sociétés nationales. Si bien que dans le contexte de la mondialisation, les formes régionales d'intégration économique restent le modèle de base. En se développant, ces formes peuvent ou non se politiser, comporter ou non des contraintes juridiques ou rester minimalistes pour ne concerner que des aspects spécifiques des échanges économiques transfrontaliers. Pour cela, un état des lieux de l'intégration régionale des économies voisines dans le monde est proposé (chapitre 2).

Chapitre 1 :
Construction d'une régulation globale

« Alors que l'histoire déroule son ruban par des voies étranges et imprévisibles, nous avons peu de prise sur l'avenir et aucune prise sur le passé. »

Winston Churchill,
A la Cincinnati Society, 16 janvier 1952.

Ce chapitre s'intéresse aux institutions transversales de l'économie mondiale, qui coordonnent le développement du commerce à l'échelle régionale et multilatérale. En effet, on peut convenir que l'une des contraintes structurelles de la régionalisation économique est l'obligation de respecter, dans l'ensemble de ses accords et de ses traités, les cadres normatifs fixés par les textes à prétention universelle. Ceux-ci émanent des institutions à vocation globale, mises en place avant le développement de la mondialisation capitaliste contemporaine, et qui s'imposent à toutes les régionalisations, quelle que soit la forme choisie (intégration politique, union douanière, libre-échange). En principe, la force de contrainte de ces cadres généraux est telle que la légalité et la légitimité des regroupements régionaux passent aussi par la mise en cohérence des actions commerciales envisagées avec l'esprit et parfois la lettre des textes structurants de l'Organisation Mondiale du Commerce (OMC) qui, pour le coup, assure un rôle de régulation politique et macroéconomique du commerce mondial. Le credo de ce « gendarme du commerce mondial » étant le multilatéralisme, l'OMC encourage *de facto* la régionalisation et fait des régions et des accords interrégionaux des creusets du développement de la mondialisation économique. Les choix stratégiques de l'OMC se sont développés avec le temps et ont carrément basculé en faveur des pratiques néolibérales depuis la fin de la bipolarité. Ce chapitre présente et analyse la trajectoire et les différentes ressources et missions de coordination dévolues à l'OMC (1), dont la naissance et les objectifs sont intimement liées à celles des agences onusiennes à vocation économique et financière (Banque mondiale et Fonds Monétaire International) impliquées dans la standardisation et la promotion du modèle de la régionalisation des marchés (2). Pour l'ensemble des pays, les effets couplés de ces structures gestionnaires de la gouvernance économique globale sont contrastés et doivent être analysés (3).

1. L'Organisation Mondiale du Commerce (OMC)

L'OMC est une organisation intergouvernementale dont l'objectif est d'assurer la gouvernance du commerce mondial, notamment par la promotion du multilatéralisme qui soutient la mise en place des regroupements régionaux (1.2). Instituée en 1994 dans le contexte de la fin de la bipolarité, elle succède au GATT (General Agreement on Tariffs and Trade), mise en place au lendemain de la seconde guerre mondiale (1.1).

1.1. Le GATT et la promotion de la régionalisation

L'Accord du GATT est un texte politique et juridico-stratégique consacré au fonctionnement des échanges commerciaux. Cet Accord a été signé par vingt-trois pays[21]. La naissance de cet outil de régulation du commerce mondial est étroitement associée à celle de l'émergence d'un nouvel ordre de gouvernance globale qui se met en place au lendemain de la seconde guerre mondiale. En effet, « en 1946, le Conseil économique et social des Nations Unies, nouvellement créé, organise une Conférence pour examiner la création de l'Organisation internationale du commerce (OIC), qui doit être le dernier pilier d'une triade d'organismes à vocation

[21] Parmi ces pays signataires, on dénombre 12 développés (Canada, France, Etats-Unis, Australie, Belgique, Norvège, Pays-Bas, Luxembourg, Nouvelle-Zélande, Royaume-Uni, Tchécoslovaquie, Afrique du Sud), et 11 pays en voie de développement (Birmanie, Brésil, Ceylan [actuelle Sri-Lanka, *nda*], Chili, Chine, Cuba, Pakistan, Inde, Liban, Syrie, Rhodésie du Sud [actuelle Zimbabwe, *nda*]).

économique créés après-guerre (les deux autres étant le Fonds monétaire international et la Banque internationale pour la reconstruction et le développement, dénommée ultérieurement la Banque mondiale). Une Commission préparatoire est établie pour rédiger la charte de l'OIC. »[22]. Le GATT est le résultat des négociations informelles et parallèles menées entre 1946 et 1947 au sein de la Commission préparatoire au sujet de la baisse des conditions tarifaires de la douane. La maturité de ces négociations aboutit à la conclusion qu'un code de bonne conduite globale pouvait être adopté et appliqué en matière de circulation des marchandises, sans attendre la naissance de l'OIC. Si l'accord-cadre sanctionnant sa naissance a été signé le 30 octobre 1947 au Palais des Nations à Genève, « C'est avec la première session des Parties Contractantes, qui s'ouvre le 28 février 1948 et s'achève le 20 mars 1948 à La Havane (Cuba) que le GATT entre véritablement en activité. Le secrétariat de la Commission intérimaire de l'OIC, qui faisait fonction de secrétariat *ad hoc* du GATT, est transféré de Lake Placid (New York) à Genève en 1948. »[23] Le choix de Genève faisait consensus en raison de la neutralité suisse sur cet échiquier de la sortie de guerre où se mettait déjà en place la partition du monde en deux blocs.

Le paradigme de la régionalisation de l'économie mondiale est clairement posé par l'article XXIV qui stipule que « Les dispositions du présent Accord s'appliqueront au territoire douanier métropolitain des parties contractantes ainsi qu'à tout autre territoire douanier à l'égard duquel le présent Accord a été accepté aux termes de l'article XXVI ou est appliqué en vertu de l'article XXXIII ou conformément au Protocole d'application provisoire. »[24] Par « territoire douanier », le texte entend « tout territoire pour lequel un tarif douanier distinct ou d'autres réglementations commerciales distinctes sont appliqués pour une part substantielle de son commerce avec les autres

---

[22] OMC, « Naissance du GATT », disponible sur https://www.wto.org/FRENCH/news_f/pres97_f/pr081_f.htm

[23] *Idem.* Le secrétariat du GATT est d'abord installé à la Villa Bocage à Genève. Depuis 1977, il a déménagé et se trouve désormais au Centre William Rappard, toujours à Genève.

[24] Accords du GATT, article XXIV, alinéa 1.

territoires.»[25]. L'Accord du GATT encourage clairement la multiplication des zones de libre-échange et le développement des échanges multilatéraux. Ainsi, l'Accord ne s'oppose pas « aux avantages accordés par une partie contractante à des pays limitrophes pour faciliter le trafic frontalier », et encore moins « aux avantages accordés au commerce avec le Territoire libre de Trieste par des pays limitrophes de ce territoire, à la condition que ces avantages ne soient pas incompatibles avec les dispositions des traités de paix résultant de la seconde guerre mondiale. »[26] Plus clairement, « Les parties contractantes reconnaissent qu'il est souhaitable *d'augmenter la liberté du commerce* en développant, par le moyen d'accords librement conclus, une *intégration plus étroite* des économies des pays participant à de tels accords. Elles reconnaissent également que l'établissement d'une *union douanière ou d'une zone de libre-échange* doit avoir pour objet de faciliter le commerce entre les territoires constitutifs et non d'opposer des obstacles au commerce d'autres parties contractantes avec ces territoires. »[27]

Le GATT autorise et encourage la régionalisation du libre-échange, préparant de ce fait les grands ensembles qui vont se mettre en place dès la fin des années 1950 (Traité de Rome annonçant l'Union européenne, ALENA, etc.). La suite du texte est encore plus explicite sur la vocation régionaliste du commerce mondial au regard de la philosophie du GATT : « les dispositions du présent Accord ne feront pas obstacle, entre les territoires des parties contractantes, à l'établissement d'une *union douanière ou d'une zone de libre-échange* ou à l'adoption d'un accord provisoire nécessaire pour l'établissement d'une union douanière ou d'une zone de libre-échange »[28].

La régionalisation de l'économie mondiale apparaît donc dans l'article XXIV du GATT qui, dans le contexte des économies de l'époque marquées par la fierté de la souveraineté nationale, la guerre froide et les inégalités nord-sud, proposait

---

[25] Accords du GATT, article XXIV, alinéa 2.

[26]Accords du GATT, article XXIV, alinéas 3.

[27] Accords du GATT, article XXIV, alinéa 4. Nous soulignons.

[28] Accords du GATT, article XXIV, alinéa 5. Nous soulignons.

clairement une série de « dérogations tournées vers l'avenir »[29]. En misant ainsi sur l'évolution positive de l'ensemble de ces rapports tendus, l'article XXIV consacrait le GATT comme le gendarme et le pacificateur des échanges des marchandises à l'échelle mondiale, en attendant, bien entendu, la mise en place de l'OIC. Ainsi naissait, pour la première fois, une structure de régulation du commerce global de l'après seconde-guerre mondiale. Au moment où s'installe la guerre froide et où les souverainetés nationales s'appliquent en matière de commerce international, cette structure provisoire est l'une des réussites des négociations inter-Etats qui va très vite devenir le référentiel opérationnel, le plus fiable et le plus durable des échanges commerciaux est-ouest et nord-sud. Pour deux raisons, le GATT a réussi à émerger au milieu de ces situations hostiles de l'après 1945 : l'héritage des pratiques commerciales anciennes du XIXème siècle, et la faisabilité des missions précises et techniques que ses inventeurs lui ont assignées.

Sur l'héritage historique du GATT, il faut dire qu'en retenant la clause de la « nation la plus favorisée »[30], l'Accord était sûr de faire l'unanimité, au moins parmi les pays développés signataires. Jean Baneth[31] a indiqué que la France avait déjà fait face à cette clause de la part de certains partenaires européens lors de la signature du traité Cobden-Chevalier en 1860 sur la fonte. Ces partenaires craignaient que

---

[29] L'expression est de Baneth, Jean, « Le GATT et les accords régionaux », *in* Mucchielli, Jean Louis, and Fred Célimène, eds. *Mondialisation et régionalisation: un défi pour l'Europe*. Economica, 1993, p. 40 et ss.

[30] L'article 1er du GATT reprend le traitement de la nation la plus favorisée en ces termes : « Tous avantages, faveurs, privilèges ou immunités accordées par une partie contractante à un produit originaire ou à destination de tout autre pays seront, immédiatement et sans condition, étendus à tout produit similaire originaire ou à destination du territoire de toutes les autres parties contractantes. Cette disposition concerne les droits de douane et les impositions de toute nature perçus à l'importation ou à l'exportation ou à l'occasion de l'importation ou de l'exportation, ainsi que ceux qui frappent les transferts internationaux de fonds effectués en règlement des importations ou des exportations, le mode de perception de ces droits et impositions, l'ensemble de la réglementation et des formalités afférentes aux importations ou aux exportations ainsi que toutes les questions qui font l'objet des paragraphes 2 et 4 de l'article III ».

[31] Baneth, Jean, « Le GATT et les accords régionaux », *op.cit.*

les avantages accordés à la France soient annulés par ceux, plus importants, accordés à d'autres partenaires qui apparaîtraient ultérieurement dans le processus transactionnel. Plus concrètement, « si les droits frappant les importations de fonte allemande étaient abaissés de 50% à 30%, cet avantage considérable pour les exportateurs allemands aurait été annulé si, par la suite, ceux frappant les fontes belges étaient passés à 20%, leur donnant l'avantage sur le marché français. Tous ces traités contenaient donc une clause par laquelle les parties contractantes s'engageaient à accorder automatiquement à l'autre signataire des avantages au moins égaux à ceux qu'ils viendraient à consentir ultérieurement à toute autre puissance. Autrement dit, elles s'engageaient à se traiter l'une l'autre à l'égal de la nation la plus favorisée. »[32]

1.2. La communauté doctrinaire

La communauté doctrinaire autour de l'égalité des nations dans le libre-échange comme « jeu à somme positive » légitime de fait l'économie de marché comme modèle unique de croissance et de progrès économique : dès le départ (1944), tous les modèles alternatifs ont donc perdu la bataille idéologique. Les institutions financières de Brettons Woods (FMI et Banque mondiale) actent le capitalisme et la mondialisation et se donnent pour projet de les « rendre plus solidaires » en « préservant les bienfaits de l'intégration internationale »[33]. Dans ce contexte, « La Banque mondiale concentre ses efforts sur les investissements à long terme, le renforcement des capacités des pays membres, les questions sociales et environnementales et la lutte contre la pauvreté. Le FMI, pour sa part, se concentre sur le fonctionnement du système monétaire international et favorise l'adoption de politiques macroéconomiques saines, sans lesquelles il ne peut y avoir de croissance durable. »[34] En d'autres termes, la BM, créée pour la

[32] *Ibid.*, p.40.
[33] FMI, « Le cadre de l'action du FMI face à la mondialisation », disponible sur https://www.imf.org/external/np/exr/ib/2002/fra/031502f.htm
[34] *Idem.*

reconstruction européenne de l'après-seconde guerre mondiale, concentre désormais ses efforts sur les placements et les initiatives rentables à l'échelle des Etats, du secteur privé et de la société civile. Le FMI garantit la stabilité du système financier international, en atténuant « les retombées négatives de la mondialisation sur l'économie internationale de deux manières : en veillant à la stabilité du système financier international, et en aidant les pays à tirer parti des possibilités d'investissement qu'offrent les marchés de capitaux internationaux, tout en réduisant leur vulnérabilité aux chocs et aux revirements d'humeur des investisseurs. »[35]

2. Régulation globale et crise de la mondialisation

A y voir clair, l'OMC et le FMI sont les deux grands « gardiens » de la mondialisation, qui ont le pouvoir et la vocation formelle d'édicter les lois du commerce et des finances à l'échelle de l'économie mondiale et de les faire respecter. Récemment, des sources ont indiqué que ces institutions ont vécu : « aujourd'hui, la mondialisation de l'économie remet en question la pertinence de ces trois institutions »[36]. L'argumentation semble consister à dire que ces institutions ont perdu le monopole du contrôle sur ce qui était leur cœur de métier à l'origine : lutter contre la pauvreté (BM) et garantir le bon fonctionnement et la bonne circulation de la finance mondiale (FMI). Face aux multiples crises financières qui secouent le monde depuis les années 1990, il est reproché au FMI de s'être « endormi au volant », « alors qu'elle aurait dû durcir sa surveillance des manipulations des cours de certaines monnaies et des profondes inégalités économiques en Chine et ailleurs »[37]. En général, les institutions de Bretton Woods et les organisations publiques des pays développés ont perdu le

[35] *Idem.*
[36] Courrier International, « Fmi, omc, banque mondiale. Malades de la mondialisation », disponible sur http://www.courrierinternational.com/article/2007/07/26/malades-de-la-mondialisation
[37] *Idem.*

monopole sur leur propre domaine de compétence, qui est l'aide à l'investissement et à la lutte contre la pauvreté dans les pays développés[38]. L'aide publique au développement, qui regroupe « l'ensemble des dons et des prêts à conditions très favorables accordés par des organismes publics aux pays figurant sur la liste des bénéficiaires du Comité d'aide au développement (CAD) de l'Organisation de coopération et de développement économiques (OCDE) »[39], n'est plus qu'un facteur secondaire de l'appui à la croissance des pays en voie de développement, même si elle représentait 131,6 milliards de dollars américains en 2015, soit « une augmentation de 6,9 % en termes réels par rapport à 2014 »[40]. Pour Fédéric Docquier, Professeur d'économie à l'Université catholique de Louvain, « Dans les années 70, le montant de l'aide au développement atteignait 62,2 milliards de dollars, tandis que les transferts de migrants représentaient 12,4 milliards de dollars. Aujourd'hui, ces transferts se montent à 514 milliards de dollars, c'est à dire 2,5 fois l'aide officielle. C'est donc une manne considérable. Il faut noter que ces dix dernières années, les transferts ont plus que doublé, la crise a largement accru cette tendance. »[41] Cette réelle montée en puissance des migrants et autres foyers diasporiques et fondations dans les flux financiers vers les pays en voie de développement, tendent à marginaliser les institutions internationales classiques dans les mécanismes de soutien au développement des pays pauvres.

D'un point de vue conjoncturel, tout cela est pertinent : aucune institution internationale n'a été épargnée par les

---

[38] OCDE (2017), *Geographical Distribution of Financial Flows to Developing Countries 2017: Disbursements, Commitments, Country Indicators*, Éditions OCDE, Paris.

[39] CEDEF, « Qu'est-ce que l'aide publique au développement ? », disponible sur http://www.economie.gouv.fr/cedef/aide-publique-au-developpement

[40] OCDE, « Nouvelle hausse de l'aide au développement en 2015, doublement des dépenses consacrées aux réfugiés », post du 13/04/2016, disponible sur http://www.oecd.org/fr/cad/nouvelle-hausse-de-l-aide-au-developpement-en-2015-doublement-des-depenses-consacrees-aux-refugies.htm

[41] Frédéric Docquier, « Les transferts de migrants représentent 2,5 fois l'aide publique au développement », entretien de juillet 2015, disponible sur http://www.ferdi.fr/fr/publication/edito-les-transferts-de-migrants-et-l%E2%80%99aide-publique-au-d%C3%A9veloppement

bouleversements liés à la globalisation de l'économie et la montée du phénomène régional. Pour le FMI, la financiarisation de l'économie a conduit à une mondialisation des flux qui n'a cessé de croître. Mais on ne peut pas, sur le plan structurel, considérer que ces institutions ont dit leur dernier mot et qu'elles seraient malades de la mondialisation : elles sont au cœur des évolutions qu'elles ont provoquées. Même si d'importantes réformes restent à faire (nous y reviendrons dans la suite de l'ouvrage), le FMI, le GATT/OMC et la BM ont largement contribué à l'émergence de l'économie globalisée, qui a modifié et fait évoluer l'ordre de régulation établi aussi bien à l'échelle des Etats que des ensembles régionaux préexistants. Ces institutions de régulation internationale ont aussi généré, dans le même temps et par leurs réformes du marché international, un contexte où la globalisation de l'économie a généré partout un désir de régionalisation, paradoxalement.

Chapitre 2 :
La régionalisation de l'économie globale

« Le vice inhérent du capitalisme, c'est le partage inégal des bénédictions ; la vertu inhérente du socialisme, c'est le partage équitable des malédictions. »
Winston Churchill

Parler de régionalisation de l'économie globale, c'est valider le principe de réalité d'une mondialisation qui se joue et se développe uniquement par intégration des entités géographiques interposée. Ce chapitre se construit sur la base de cette hypothèse, qui prétend que la mondialisation est d'abord la diffusion d'un modèle d'échanges qui consiste à régionaliser, voire à mutualiser les espaces d'échanges commerciaux, puis à s'étendre en provoquant l'effet d'échelle. En retour, les économies régionalisées en profitent mutuellement. La régionalisation pousse donc les Etats à tourner le dos à la vieille approche nationaliste du marché, qui a consisté en son temps à ériger des barrières douanières partout. Si elle tire son origine de la fin du sacre de l'égoïsme national, la régionalisation est avant tout une affaire de géographie. Pour les pays voisins, il s'agit de tirer avantage du chevauchement et parfois de l'imbrication de leurs territoires, de la proximité physique, en menant des échanges économiques qui élargissent le marché des consommateurs à l'ensemble des citoyens des Etats impliqués. Trois articulations permettront de développer cette hypothèse. Le travail consistera ici à indiquer les enjeux de la caractéristique principale de la globalisation économique : la segmentation du globe en grandes zones géographiques de libre-échange et d'unions douanières. Nous commencerons par l'Union européenne, qui fait figure d'exception en raison de son intégration politique. Ensuite, nous traiterons des zones de libre-échange et terminerons par les unions douanières et les formes de régionalisations molles. Quelques conséquences politico-stratégiques de cette segmentation globale seront abordées.

1. L'UE, figure primordiale et maximale de l'intégration régionale

Historiquement, la géographie contemporaine de la formation juridique et stratégique des grands ensembles régionaux s'est construite à partir de l'Europe occidentale de l'après seconde guerre mondiale. Cette pratique d'assemblage et d'intégration spatiale des Etats s'est ensuite diffusée dans l'espace global, s'accélérant à l'avantage de la fin de la bipolarité. L'Amérique du Nord, l'Amérique du Sud et les confins de l'Asie et de l'Afrique[42] ont ainsi été atteints par le phénomène de la régionalisation.

En effet, en tant que regroupement des Etats voisins qui ont une vocation à une intégration politique, l'Europe représente un cas unique : comme on le verra, tous les autres grands ensembles régionaux s'en tiennent à organiser leurs échanges commerciaux, notamment pour mieux tirer profit de la mondialisation. En effet, ce n'est pas la mondialisation des échanges, mais la guerre et ses effets désastreux, qui ont poussé les Européens à imaginer une unité pour faire face aux destructions conséquentes du conflit mondial sur le sol des Etats qui l'ont provoqué. L'origine du regroupement géographique des Etats européens a donc été un fait politique : au sortir de la seconde guerre mondiale, qui a fait des millions de morts, les Etats belligérants ont été poussés à sortir de leurs égoïsmes nationaux pour réfléchir les termes d'une coopération approfondie dont le but était la prévention active d'une nouvelle déflagration. En dépit de la multiplication des initiatives informelles et bilatérales, le noyau dur de la formulation juridique d'un espace commun de libre-échange est le Traité de Rome, signé dans la capitale italienne le 25 mars 1957. Ce Traité institue symboliquement la Communauté économique européenne (CEE) en lui insufflant une vocation politique et idéologique.

---

[42] Nous traiterons du cas de la régionalisation en Afrique dans la deuxième partie du présent ouvrage.

On a souvent salué le caractère européen et la neutralité idéologique de ce Traité, qui représentait tout un dénominateur commun et un consensus entre des signataires aux idéologies antagonistes : « le socialiste Paul-Henri Spaak y cohabite ainsi avec le démocrate-chrétien Walter Hallstein ; le libéral Ludwig Erhard voisine avec « l'aile gauche » du SPD et les « principaux maîtres de l'industrie » allemande. »[43] Mais en décidant de s'accorder sur « la supériorité d'un ordre social fondé sur le principe de libre concurrence »[44], les signataires du Traité de Rome plaçaient la CEE sous la coupe du capitalisme de marché, porté par Jean Monnet, « défenseur d'une Europe au double ancrage atlantique et libéral »[45]. D'ailleurs, Hans von der Groeben, l'un des rédacteurs de ce Traité, écrira plus tard sur le sujet : « si l'on rassemble les objectifs fixés dans ce traité et les instruments donnés, sous forme de règles et d'institutions [...], il apparaît que toutes les caractéristiques essentielles d'un système d'économie de marché sont réunies »[46].

Sur le fond, et si elle compte aujourd'hui 27 membres (avec le départ du Royaume-Uni) et un grand élargissement à l'est au lendemain de la fin de la bipolarité, le Traité de Rome mettait en place une économie de marché qui avait vocation à tirer profit de la zone géographique aux frontières ouvertes entre Etats voisins d'Europe occidentale. Mais on ne peut pas dire que le modèle et la culture d'inspiration du Traité étaient clairement nord-américains. Si la libre concurrence entre les Etats profitait aux pays les plus dynamiques, un volontarisme politique s'imposait en même temps sous la forme d'un cadre institutionnel qui empêchait que le marché commun ne soit laissé à la loi de l'offre et de la demande : il était organisé par le haut. Aussi, « la dynamique communautaire gagne à être analysée dans une perspective institutionnaliste : elle implique,

---

43 Denord, François, and Antoine Schwartz. "L'économie (très) politique du traité de Rome." *Politix* 1 (2010): 35-56, p.36 pour la citation.

44 *Idem.*

45 *Idem.*

46 Von der Groeben (H.), Combat pour l'Europe, Luxembourg, Office des publications officielles des Communautés européennes, 1985, p. 20, cité par Denord, François, and Antoine Schwartz, « L'économie (très) politique du traité de Rome », *op.cit.*, p.36.

sur le temps long, des institutions qui façonnent, dans leurs interactions avec des acteurs privés, un marché et des politiques qui les contraignent en retour »[47]. Cette perspective « institutionnaliste », développée en sociologie économique, a l'avantage de montrer que le modèle européen est celui d'un « marché institutionnel »[48] où les acteurs économiques n'échappent pas au contrôle du pouvoir politique. Dans ce modèle, il n'est pas toujours établi que les économies les moins dynamiques de la zone sont satellisées par les plus fortes : les dispositifs de ce « marché institutionnel » prévoient des conditions à l'entrée (critère de convergence, réformes sociétales et sociales nécessaires au bon fonctionnement des échanges, des libertés individuelles, de la protection sociale, etc.) qui, à terme, relèvent le niveau de vie des entrants et les met rapidement au niveau des standards des plus anciens. De plus, la mise en place de ces standards est pour une large part financée par les fonds structurels et communautaires : les nouveaux entrants n'accèdent pas à une jungle libérale où chacun se bat pour ses intérêts, ils profitent des critères de fonctionnement concertés en amont et standardisés. Le Traité de Rome a ainsi posé les bases d'une intégration régionale qui a progressé vers la seule entité supranationale politiquement assumée et actuellement reconnue comme telle dans le monde. On ne peut pas en dire autant des autres regroupements nés longtemps après ce Traité : si des constellations régionales se sont multipliées sur la base des accords préférentiels, elles ont partout fait le choix –ou ont été contraintes- de n'intégrer que l'une ou l'autre des caractéristiques suivantes d'étapes ou de fonctionnement de l'Union Européenne, qui est une union économique et monétaire (*economic union*).

En même temps, des faiblesses persistes à plusieurs niveaux et sur différents sujets : identité culturelle de ces peuples parfois

---

[47] Denord, François, and Antoine Schwartz. « L'économie (très) politique du traité de Rome.», op.cit, p.36.

[48] J. Rueff, « Une mutation dans les structures politiques : le marché institutionnel des communautés européennes », Le Monde économique et financier, 9 et 10 février 1958 et Fligstein (F.), Sweet Stone (A.), « Constructing Polities and Markets: an Institutionalist Account of European Integration », *American Journal of Sociology*, 107 (5), 2002.4.

hétéroclites qui n'ont de communauté que l'espace géographique européen, capacité de décision d'un bloc géopolitique de vingt-huit pays, gestion des frontières extérieures, forte bureaucratisation et technocratisation des critères et processus de décision, mise à l'écart des parlements nationaux, etc. Le fait est que les crises actuelles de l'Europe et les appels ou recours incessants aux « cercles concentriques » pour faire la décision ou prendre l'initiative montrent les effets d'une intégration régionale fondée sur une inégalité objective entre les acteurs partageant un espace économique sans disposer des mêmes ressources, ni en termes de productivité, encore moins d'impact sur les politiques de régulation de ce « marché institutionnel ». Mais on ne peut pas reprocher à l'Europe de s'être donnée des règles et des institutions supranationales fortes, capables dans bien des cas d'imposer des critères de convergence, de plafonner des déficits publics et de mettre en place une unité territoriale à large spectre (espace Schengen), de faire une monnaie unique pour près d'une vingtaine d'Etats (l'Euro), de réussir une régulation du marché et des politiques publiques dans bien des domaines (corps de « commissaires européens ») et de plafonner les déficits publics pour l'ensemble de ses Etats membres. En dépit de la tentation de sortie et du repli identitaire et/ou territorial des Etats de l'Europe centrale, très opposés à l'accueil des réfugiés, l'intégration européenne est la forme la plus avancée dans le genre à l'échelle mondiale. Cette intégration régionale a été fixé dans son format juridique par le Traité de Rome, approfondi sur divers aspects par ceux qui ont suivi : Bruxelles (sur la fusion, 8 avril 1965), Acte unique européen (17 février 1986 (Luxembourg) / 28 février 1986 (La Haye)), Maastricht (7 février 1992), Amsterdam (2 octobre 1997), Nice (26 février 2001) et Lisbonne (13 décembre 2007). Ces évolutions ont donné plusieurs leçons d'histoire. D'abord, le rapprochement franco-allemand montre que la régionalisation peut avoir définitivement raison de la belligérance entre deux Etats à l'origine de deux guerres mondiales ayant fait des millions de morts. Ensuite, l'intégration régionale a permis à des micro-Etats balkanisés sous le régime soviétique d'opérer une mutation sociétale et idéologique pour rejoindre le modèle économique et démocratique occidental fait de concurrence et de respect de la créativité individuelle. Enfin, dans le monde actuel, la force et la réussite de l'intégration européenne est que ce bloc politisé représente la seule zone géographique où l'intégration régionale qui dispose d'une diplomatie personnelle et d'un siège dans l'une des principales institutions transrégionales du monde : le G20.

2. L'intégration minimaliste : les zones de libre-échange

On peut, en suivant la classification de Bela Balassa[49], économiste américain d'origine hongroise, esquisser une classification des différents types d'intégrations régionales observés en dehors de l'Union européenne qui est la seule zone d'intégration régionale politisée. Il propose une théorie de la régionalisation qui sera à l'origine du développement et de l'intégration européenne. Cette théorie veut que tout processus d'intégration régionale commence par la mise en place d'une zone de libre échange *(free trade area)* entre Etats voisins. Ensuite, la zone progresse vers une union douanière *(customs union)* et un marché commun *(common or single market)* avant de s'épanouir dans l'union économique et monétaire *(economic union),* comme c'est le cas, jusque-là, de la seule Union européenne.

Dans le cas des accords de libre-échange, le principe de base est celui de la levée des obstacles tarifaires et non tarifaires. La baisse réciproque des barrières douanières rend l'ensemble des marchés nationaux accessible à tous les Etats contractants, qui conservent néanmoins leur souveraineté individuelle en matière de réglementation d'échanges des produits avec le reste du monde. Il s'ensuit que dans les zones de libre-échange, la libéralisation ne concerne bien souvent que les tarifs douaniers, les barrières non tarifaires (BNT) relevant de la souveraineté des Etats membres qui restent ainsi en capacité de mener une politique commerciale extérieure qui protège leurs intérêts séparés. On doit aussi noter que si les zones de libre-échange

[49] Balassa, Bela [1961]. *The Theory of Economic Integration* (Routledge Revivals), Routledge, 2013.

sont fondées sur le principe d'accords préférentiels, elles ne s'accompagnent pas toujours de réciprocité. Il existe des cas d'accords de préférence dits « non-réciproques », « fondés sur l'octroi unilatéral d'avantages à certains pays exportateurs sans que les pays importateurs obtiennent des avantages équivalents »[50]. Avant que les gouvernements européens ne reviennent sur le principe de non-réciprocité suite à l'arrivée à échéance de la Convention de Lomé le 29 février 2000, et ce dans un contexte post-bipolaire marqué par la mondialisation économique, les ACP (Afrique-Caraïbes-Pacifique) étaient un modèle d'accord de libre-échange où l'Union européenne avait volontairement renoncé à l'essentiel de ses avantages pour faciliter le développement local et régional en ACP[51]. Néanmoins, à l'échelle de l'économie globale, plusieurs ensembles régionaux relèvent des accords classiques de libre-échange. On en recense plus de 150 dans le monde, de facture multilatérale ou bilatérale. A titre illustratif et en raison de leur poids économique ou géopolitique, nous rappellerons ici quelques principales zones de libre-échange, dont l'histoire et la contexture sont étroitement liées à l'évolution de la mondialisation et à la complexification des échanges économiques suite à l'émergence de l'Union européenne.

a) L'association européenne de libre-échange (AELE)

L'AELE est la traduction française de l'European Free Trade Association (EFTA). Historiquement, c'est la première forme d'organisation régionale mise sur pied pour faire concurrence au modèle intégrationniste clairement envisagé dans le Traité de Rome (1957) et le contrer. La stratégie consiste à libéraliser la vente et la circulation des marchandises en provenance des pays membres, et de se contenter des relations intergouvernementales, bi ou multilatérales pour la

---

[50] Jean-Marc Siroen, *La régionalisation de l'économie mondiale, op.cit.*, p. 13.

[51] Nous verrons (deuxième partie) comment ce renoncement de l'UE au principe de non-réciprocité à l'origine des Accords CEE/ACP fait partie de la difficulté dans la problématique contemporaine de la régionalisation en Afrique.

gestion des questions techniques et du contentieux commercial. L'AELE est mise sur pied par la convention de Stockholm signée le 04 janvier 1960 sous l'égide du Royaume-Uni et par les ministres des affaires étrangères de sept pays : Norvège, Danemark, Suisse, Portugal, Autriche, Suède et Royaume-Uni.

Depuis, le développement de l'intégration européenne a capturé certains de ces pays fondateurs. Aujourd'hui, l'existence de l'AELE est sérieusement menacée par celle de l'Union européenne. Cette zone de libre-échange ne compte plus que quatre pays, dont deux nouveaux adhérents (l'Islande en 1970 et le Liechtenstein en 1991), et seulement deux des sept pays fondateurs, la Norvège et la Suisse. Trois de ces pays ont intégré l'espace Schengen, qui est l'un des dispositifs les plus emblématiques de l'Union européenne : la Norvège (2001), la Suisse (2008) et le Liechtenstein (2011). Depuis 1994, l'Union européenne, avec l'Islande, la Norvège et le Liechtenstein, constituent l'espace économique européen. La Suisse ne figure pas dans cet espace de libre-échange en raison d'une votation citoyenne du 06 décembre 1992 qui l'y interdit.

b) La *North American Free Trade Agreement* (NAFTA)

C'est l'Accord de libre-échange nord-américain (ALENA) entre le Mexique, les Etats-Unis et le Canada. Signé le 17 décembre 1992 et entré en vigueur le 1er janvier 1994, ce Traité a été un peu rapidement qualifié par les analystes de « fausses évidences du marché »[52], en raison notamment de ses enjeux de politique intérieure au Mexique[53]. Au fond, ce Traité a des enjeux régionaux et géostratégiques importants. Stricte-

[52] Husson, Michel. "Les fausses évidences du marché: le cas de l'accord de libre-échange nord-américain." *Cahiers des Sciences Humaines,* 30.1-2 (1994): 91-109.

[53] « Elu en juillet 1988 dans des conditions délicates, Salinas de Gortari a su assez rapidement regagner une légitimité fortement mise en cause par la détérioration de l'économie mexicaine et par l'effritement du système politique. La construction d'un grand marché apparait comme un gigantesque levier qui permet de débloquer toutes les contraintes qui pèsent sur l'économie et la société mexicaine. De ce point de vue, le Traité joue un rôle interne beaucoup plus important au Mexique qu'aux Etats-Unis ou même au Canada » (Michel Husson, « Les fausses évidences… », *op.cit.,* p.92.

ment consacré à la circulation transfrontalière des biens et des services par la levée des barrières douanières, de tous les obstacles structurels à la libre concurrence entre les Etats signataires, la protection de l'environnement et des conditions de travail, la facilitation de la résolution des litiges par une gestion tripartite des différends, l'ALENA apparaît comme un grand accord international d'ordre économico-financier, sans ambition politique aucune (formation d'institutions supra-nationales à vocation législative, administrative ou stratégique. Elle couvre aujourd'hui (2016) un marché estimé à 480 millions de consommateurs, ce qui avoisine la taille de la population européenne (environ 500 millions d'habitants). Cet accord était déjà à l'origine une réponse stratégique au Traité de Maastricht signé le 7 février 1992 pour instituer et donner un cadre de fonctionnement au Conseil Européen en approfondissant le projet de Marché Unique de l'Europe des 12. A l'époque, l'économiste mexicain Vegas Canovas avait comparé les deux blocs post-bipolaires en ces termes : « Les trois pays [Mexique, Etats-Unis, Canada] couvrent une superficie de 21millions de kilomètres carrés et possèdent en 1987 une population totale de 351,6 millions de personnes et un produit intérieur brut (PIB) de plus de cinq mille milliards de dollars. En comparaison, les 12 pays membres de la Communauté économique européenne couvrent une surface de 2,25 millions de kilomètres carrés, leur population est de 323,8 millions d'habitants et leur PIB de 4 150 milliards de dollars. »[54]. Depuis la signature de ce Traité, les exportations d'un pays membre vers un autre ont plus que triplé, sans que cela ne fasse de cette zone un modèle d'intégration régionale réussi. Au contraire, les analystes considèrent que l'ALENA n'est ni plus ni moins qu'une figure ordinaire du libre-échangisme, qui reprend les contours de l'accord franco-anglais signé en 1860, sans aucune ambition politique en termes d'intégration ou de communautarisation de la monnaie. En développant une forme

[54] G. Vegas Canovas, 1991. Mexico ante el libre comercio con America del Norte. Mexico, El Colegio de Mexico-Universidad tecnologica de Mexico, 505 p. Traduit et cité par Michel Husson, « Les fausses évidences du marché », *op.cit.*, p.92.

de multilatéralisme régional, l'ALENA poursuit cette vieille forme d'ouverture commerciale. Dans ce contexte, les Etats-Unis sont le pivot d'« une intégration minimaliste assez proche, dans son esprit, des accords bilatéraux du XIXe siècle ; il précède le multilatéralisme, incarné par l'Organisation mondiale du commerce, plutôt qu'il ne le contourne »[55]

c) Le MERCOSUR : un contrepoids à l'ALENA ?

Selon les termes du Traité fondateur signé le 26 mars 1991 à Asuncion, la capitale paraguayenne, le Mercado comun del Sur (MERCOSUR) institue le marché commun du Sud de l'Amérique par un accord sur « La libre circulation des biens, services et des facteurs productifs entre les pays dans l'établissement d'un arsenal externe commun et l'adoption d'une politique commerciale commune, la coordination de politiques macroéconomiques et sectorielles entre les États et l'harmonisation des législations pour atteindre un renforcement du processus d'intégration. ».[56] Fondé sur la réciprocité des droits et des obligations entre Etats membres, le MERCOSUR est conçu sur le modèle de l'ALENA, avec pour ambition politique de le contrecarrer. Les présidents de quatre pays sont membres fondateurs du MERCOSUR : Argentine, Brésil, Paraguay et Uruguay. L'adhésion du Venezuela (2006) et l'entrée, en tant que membres associés, du Chili et de la Bolivie (1996) du Pérou (2003), de la Colombie et de l'Equateur (2004) en fait un grand pôle régional de libre-échange, de 11 millions de Km² et un marché de 241 millions d'habitants. Le MERCOSUR représente 82,3% du PIB de l'Amérique latine et se constitue comme « la zone économique et la plateforme industrielle la plus dynamique et compétitive de tout l'hémisphère sud »[57].

Dans les faits, le MERCOSUR intègre un modèle de « régionalisme ouvert », qu'on peut définir comme « une composante des réformes structurales orientées vers l'insertion

---

55 Jean-Marc Siroen, *La régionalisation de l'économie mondiale, op.cit.*, p. 20.
56 Source : https://fr.wikipedia.org/wiki/March%C3%A9_commun_du_Sud.
57 *Idem.*

des pays latino-américains à l'économie internationale par le biais des politiques d'intégration régionale et de compétitivité industrielle. »[58] A ce titre, le MERCOSUR est un espace de libre-échange incurvé dans bien d'autres qui opèrent sur la même région (l'Amérique latine) et que sont : « L'Accord de libre-échange de l'Amérique du Nord (Alena), une vingtaine d'accords de libre-échange connectés avec ce dernier et une trentaine avec le Pérou et le Chili et, moins directement, les réformes du Marché commun centre-américain (MCCA), de la Communauté andine des Nations (Can), du Marché du Cône Sud (Mercosur), en sont le terrain d'expérimentation. »[59] Il s'ensuit que le MERCOSUR s'inscrit dans ce « régionalisme ouvert », qu'on peut objectivement considérer comme un choix stratégique post-bipolaire fait par les Etats latino-américains de s'appuyer sur la baisse des barrières douanières et la libre concurrence intra-zone pour s'arrimer de manière compétitive dans l'espace global. Le MERCOSUR est autant une adaptation à l'émergence de l'ALENA, et donc une expression de l'anti-américanisme étatsunien qui prospère dans l'esprit de beaucoup de dirigeants latino-américains, qu'une réponse stratégique à la mondialisation par l'arrimage aux règles de l'Organisation Mondiale du Commerce (OMC). La carte suivante résume la complexité de l'intégration économique régionale sur le continent américain et montre clairement que s'ils sont les modèles dominants, l'ALENA et le MERCOSUR ne peuvent pas revendiquer le monopole dans leurs aires géographiques et géopolitiques d'influence, en raison de la présence d'autres petites entités qui ouvrent davantage le continent à l'extérieur.

---

[58] Reza, Germán A. "Le régionalisme ouvert latino-américain: un essai d'interprétation systémique." *Cahiers des Amériques latines* 2014.75 (2014): 177-198, p.177 pour la citation.

[59] *Idem*. Pour une analyse politique de l'intégration en Amérique latine, voir Dabène, Olivier. "Chapitre 11/Au-delà du régionalisme ouvert. La gauche latino-américaine face au piège de la souveraineté et de la flexibilité." *Académique* (2012) : 367-399.

Carte n°1 : L'intégration régionale en Amérique

Les processus d'intégration régionale

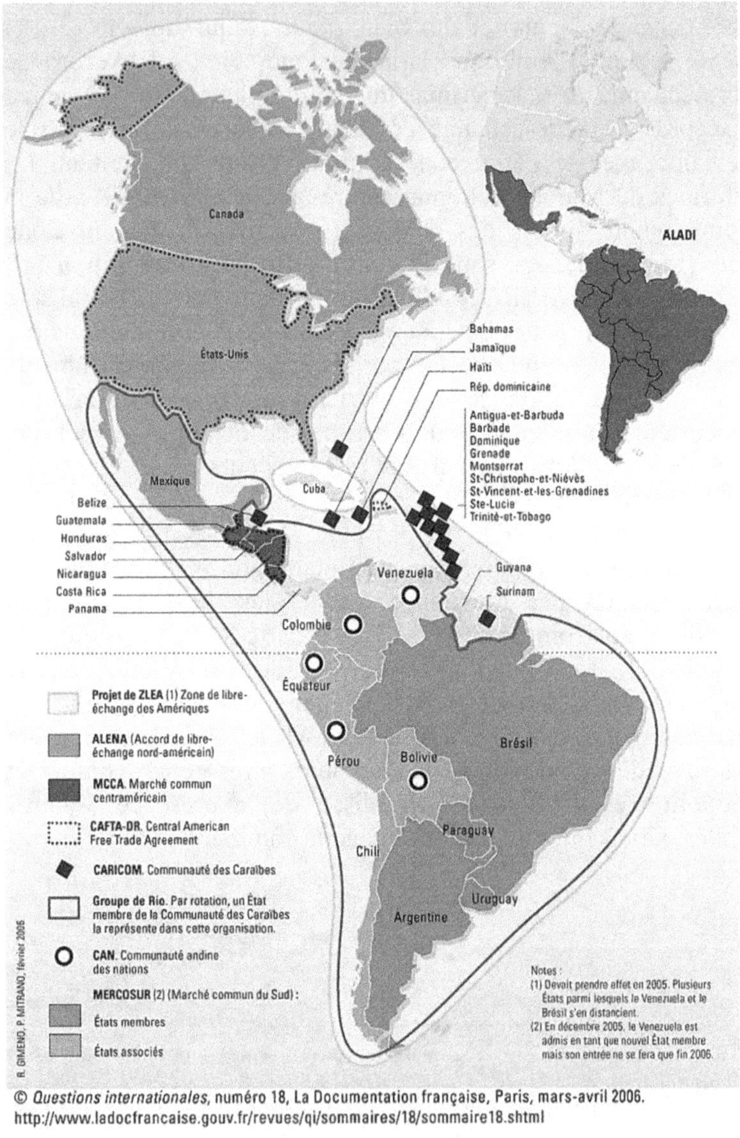

© *Questions internationales*, numéro 18, La Documentation française, Paris, mars-avril 2006.
http://www.ladocfrancaise.gouv.fr/revues/qi/sommaires/18/sommaire18.shtml

d) Association of Southeast Asian Nations (ASEAN)

L'ASEAN est l'une des plus importantes zones de libre-échange de l'économie mondiale. Fondée le 22 août 1967 à Bangkok (Thaïlande) dans le contexte de la guerre froide par les chefs de la diplomatie de cinq pays (Indonésie, Philippines, Malaisie, Singapour et Thaïlande) qui voulaient freiner l'avancée du communisme, l'ASIAN a depuis doublé le nombre de ses membres. De 1995 à 2015, elle a été rejointe par cinq autres pays : Viêt-Nam, Birmanie, Cambodge, Laos et Brunei, dont les deux premiers sont des régimes autoritaires avérés, au contraire des plus riches des pays fondateurs qui sont des démocraties (Philippines, Indonésie, Thaïlande). Cela fait passer des lignes de fracture entre conservateurs (les autoritarismes), qui veulent le *statu quo*, et les progressistes (les démocrates) qui veulent accélérer l'intégration régionale au profit de leurs économies plus dynamiques. Mais avec l'ASEAN, la question de l'intégration est plus complexe, au regard du temps long de sa construction interne et de la configuration du contexte local. En effet, signé dix ans après le Traité de Rome (1957) qui lance le processus d'intégration européenne, l'accord fondant l'ASEAN s'oppose clairement à toute forme d'intégration sur le modèle européen « parce que, selon ses fondateurs, « un cadre institutionnel ne crée pas par magie des solidarités » »[60]. Pour appuyer ce point de vue, S. Rajatanam, l'un des pères fondateurs de l'ASEAN et ancien ministre singapourien des affaires étrangères, a indiqué que « le seul but véritable de l'ASEAN est de faire progresser les intérêts nationaux. C'est ce que le régionalisme signifie dans l'esprit de ses membres. »[61]. L'enjeu est donc paradoxal : coupler le régionalisme et le nationalisme. L'ASEAN se présente de ce point de vue comme une entité régionale *sui generis*, qui ne saurait être l'épigone d'aucune autre. Il est dès lors important de décrire cette zone de libre-échange en tenant compte de ses particularités. La première particularité est celle

[60] Du Rocher, Sophie Boisseau. *L'ASEAN et la construction régionale en Asie du Sud-Est*. Editions L'Harmattan, 1998, p.9.

[61] Cité par Du Rocher, Sophie Boisseau. *L'ASEAN et la construction régionale, op.cit.*, p.10.

du rapport à l'extérieur. A l'ASEAN, « pour ne pas « perdre la face » au sein d'une communauté internationale conformiste dont ils pouvaient instrumentaliser les attentes et pour éviter les controverses inutiles, les dirigeants ont rusé, se conformant sans enthousiasme à certaines requêtes extérieures sans éprouver le besoin de les mettre en œuvre »[62].

D'où la deuxième particularité : cette organisation offre le cas d'un « régionalisme qui privilégie le cycle long sur l'évènement ponctuel, la confiance sur l'apparence, sans souci de rentabilité du temps qui passe. »[63]. La troisième particularité est son importance dans l'équilibre géopolitique interne et locale : « L'ASEAN nous place dès sa genèse, et à cause de sa genèse, face à son altérité, non pas une altérité revendicative, bruyante ou didactique, mais une altérité indépendante, assurée, patiente. Elle n'affiche aucune ambition précise mais permettra, souvent dans la discrétion et par des méthodes plus proches de celles des réseaux que des appareils diplomatiques traditionnels et institutionnels, de régler des tensions qui auraient probablement abouti en conflit quelques années plus tôt et déclenché une déstabilisation des pouvoirs en place. »[64] Le contexte des tensions géopolitiques, des menaces et actions terroristes donnent tout son sens à cette approche souple et prudente d'une régionalisation qui oscille entre libéralisation économique, culture politique des Etats et équilibres géopolitiques internes. Les capacités opérationnelles et le potentiel économique de l'ASEAN ont été dopés par l'initiative des accords de libre-échange approfondis (ASEAN Free Trade Area, AFTA), lancée au sommet de Singapour (1992) pour baisser drastiquement l'essentiel des barrières douanières connues jusque-là entre pays de la zone.

e) L'Accord de libre-échange au sein de la Communauté des Etats indépendants

La Communauté des Etats Indépendants (CEI) est une organisation intergouvernementale sans personnalité juridique

---

62 *Ibid.*, p.11.
63 *Idem.*
64 *Ibid.*, p.11-12.

internationale. Elle est progressivement composée par deux accords dans la foulée de la désintégration de l'Union soviétique (1990) : l'accord de Minsk (Ukraine) décide d'acter et d'accélérer la décomposition de l'URSS en facilitant l'accès de ses républiques constitutives à l'indépendance et à la coopération internationale. Surtout, il constitue la Russie de Boris Yelsine, l'Ukraine de Kravtchouk et la Biélorussie de Chouchkievitch comme membres fondateurs de la CEI. L'accord d'Alma-Alta du 21 décembre 1991 va élargir la CEI à d'autres entités nationales : Tadjikistan, Ouzbékistan, Kazakhstan, Kirghizistan, Turkménistan, Arménie et Moldavie, alors que la Géorgie rejoint cet ensemble régional en 1993. Mais la naissance de la CEI correspond à la naissance de la plupart de ses Etats membres, l'émergence d'une zone de libre-échange doit être plus laborieuse en raison de plusieurs facteurs historiques et de géopolitique interne. Aussi, tous les Etats membres de la CEI « étaient alors trop occupés à asseoir leur nouvelle indépendance et à adopter des modes de fonctionnement en rupture totale avec ceux de la période soviétique pour prêter attention à leurs relations avec l'étranger. Dans certains cas, ils avaient, en outre, à gérer de graves conflits internes »[65]. Il faut aussi considérer l'effet de la satellisation russe, qui freine la volonté de certains Etats membres à aller au-delà de la simple coopération internationale. En effet, lorsque ces Etats ont enfin « tourné leurs regards au-delà de leurs nouvelles frontières, force leur a été de reconnaître que la Russie, le plus puissant, et de loin, des Etats post-soviétiques en termes à la fois de taille et de potentiels militaire et économique, dominait et dominerait les relations internationales dans la région. Dès lors, leurs politiques, à l'égard aussi bien de leurs partenaires de la CEI que du monde extérieur, étaient subordonnées aux rapports qu'ils entretenaient avec la Russie. »[66] La Russie a ainsi imposé son leadership sur la zone et neutralisé toute capacité d'épanouissement des Etats membres de la CEI en dehors de son giron : « Dans les années

[65] Light, Margot. "La galaxie CEI 1991-2006." *Le Courrier des pays de l'Est,* 3 (2006): 14-25, p.14 pour la citation.
[66] *Idem.*

qui ont suivi la création de la CEI, un certain nombre de regroupements régionaux se sont constitués sur lesquels, même quand elle n'en est pas membre, la Fédération de Russie exerce néanmoins une influence certaine, pesant aussi bien sur les relations mutuelles de leurs membres que sur celles nouées avec le reste du monde »[67].

La conséquence d'une russification de la région a été de retarder considérablement l'émergence d'une zone de libre-échange au sein de la CEI. Si bien que ce n'est que vingt ans après la création de la CEI que la Russie signe, le 18 octobre 2011, l'accord de libre-échange avec les deux autres pays fondateurs (Ukraine, Biélorussie), ainsi que la Moldavie, l'Arménie, le Kirghizstan et le Kazakhstan. Même si l'Ouzbékistan intègre la zone en 2013, près de la moitié des pays de la zone manquent à l'appel et deux facteurs risquent d'effilocher davantage aussi bien la zone de libre-échange que la CEI elle-même : l'attrait de l'Europe, qu'on retrouve dans tous les pays de la zone qui ont une frontière commune avec un pays membre de l'Union européenne. On doit y ajouter le rôle géopolitique et interventionniste de la Russie qui a récemment montré qu'elle était capable d'imposer militairement sa vision et ses hommes, y compris au prix d'un démembrement du territoire et d'un bouleversement du tracé des frontières internationales (cas de l'Ukraine et de l'Ossétie du Sud). En 2015, l'Ukraine est de fait suspendue par la Russie qui, à la défaveur de l'Ukraine, a revu les tarifs douaniers à la hausse. Cette décision est politique : elle a été prise en représailles à l'entrée en vigueur, le 1er janvier 2016, de l'accord d'association entre l'Union européenne et l'Ukraine. Cet accord concerne des critères de convergence économique et politique entre l'UE et ce pays pro-occidental qui espère, à terme, une adhésion à l'Europe.

---

67 *Idem.*

Carte n°2 : Organisations économiques régionales et interrégionales

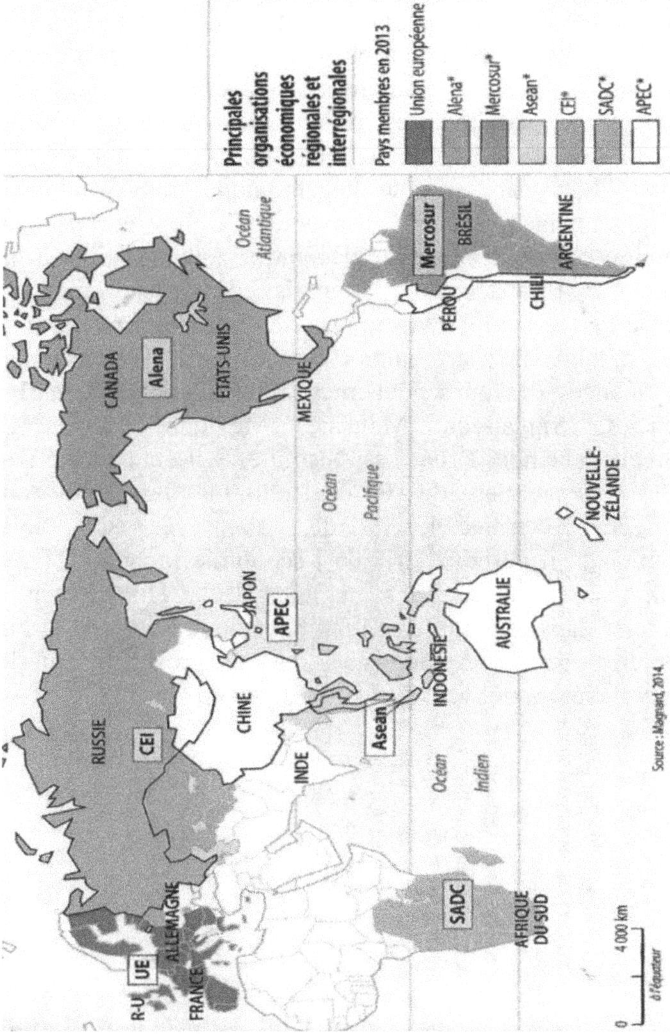

Source Magnard 2014.

Sur cette carte, on voit bien comment le positionnement géopolitique de l'Union européenne aux portes de la CEI peut convenablement déstabiliser la tentation hégémonique de la Russie sur la région, au point de provoquer des crises importantes. Dans ce contexte, et même si la carte ne le montre pas, l'Accord de libre-échange centre européen (ALECE), qui relie l'Union Européenne à plusieurs pays de l'Europe centrale (Macédoine, Serbie, Monténégro, Albanie, Kosovo, Bosnie-Herzégovine, Moldavie) est un réel élément perturbateur de la géopolitique locale de la régionalisation par satellisation des Etats faibles par un pôle hégémonique non occidental, et notamment la Russie. A l'inverse, l'Union européenne va craindre, comme l'ensemble des autres zones de libre-échange d'ailleurs, l'impact du partenariat Trans-pacifique (Trans Pacific Partnerschip, TPP, voir carte ci-dessous). Il a été signé le 05 octobre 2015 à Atlanta (Canada) par les douze ministres des finances des pays concernés : Etats-Unis, Canada, Japon, Vietnam, Singapour, Malaisie, Mexique, Pérou, Chili, Nouvelle-Zélande, Brunei et Australie. S'il était ratifié par les parlements nationaux, le TPP deviendrait la plus grande zone de libre-échange dans le monde. Avec ses 800 millions d'habitants, il pèserait 40% de l'économie mondiale. La carte suivante présente les pays membres de la TPP et leur poids financier dans le commerce mondial, sous réserve de la mise à exécution de la menace du nouveau président américain, Donald Trump, qui veut sortir les Etats-Unis du TPP.

Carte n°3 : Les pays membres de la TPP et leur poids économique

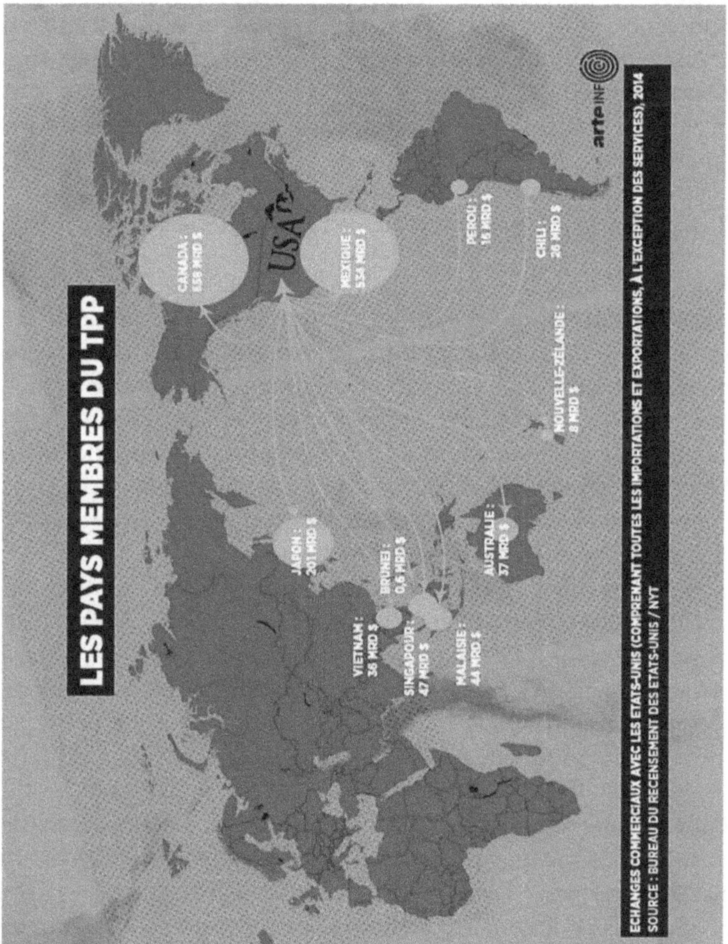

Source : http://info.arte.tv/fr/tpp-le-plus-vaste-accord-de-libre-echange-au-monde

3. Unions douanières et figures de régionalisation

En dehors de l'intégration politique et presque complète présentée par l'Union européenne et des multiples espaces de libre-échange qui essaiment partout dans le monde, la régionalisation peut consister en un regroupement d'Etats qui mutualisent leurs intérêts commerciaux dans des ensembles comme des unions douanières. A l'opposé, ce rapprochement d'intérêts peut conduire à une régionalisation molle, c'est-à-dire un rapprochement minimaliste, voire informel et sans contraintes véritable entre Etats, mais qui n'est pas dépourvu d'intérêt géopolitique et stratégique.

3.1. Les Unions douanières

En matière d'intégration régionale, les unions douanières sont l'étape intermédiaire entre la phase la plus aboutie de l'intégration régionale (le marché commun, marqué par l'union économique et monétaire comme c'est le cas dans l'Union européenne), et les espaces de libre-échange qui se contentent de baisser les barrières douanières entre les Etats membres et de promouvoir la libre concurrence de certaines marchandises, biens et services produits à l'intérieur de l'espace régional. Les unions douanières prévoient, en plus de la libre circulation des marchandises en provenance des pays membres, la mise en place d'une politique commune au niveau commercial à l'égard des pays extérieurs. Les unions douanières sont des zones de libre-échange qui se sont affermies en se dotant d'une politique commerciale commune à plusieurs niveaux : tarification unique des marchandises extérieures à la zone, redistribution des recettes douanières entre Etats membres, etc. A l'échelle de l'histoire des échanges entre économies nationales, l'union douanière est une vieille expérience de maximisation du profit des pays dans leur participation à l'économie internationale. Bien avant l'expérience européenne ouverte par le Traité de Rome, les unions douanières avaient déjà fleuri, avec différents résultats que des recherches conjoncturelles ont déjà évalués[68].

---

[68] Voir, par exemple, Bosc, Louis. Unions douanières et projets d'unions douanières: essai historique et critique, éd. A. Rousseau, 1904 ; Bye, Maurice. "Unions douanières et données nationales." Economie appliquée3 (1950): 121-157, ou Allais, Maurice. Les unions douanières et l'unification fédérale de l'Europe. Société provençale d'imprimerie et de cartonnage, 1952.

Mais si le but des unions douanières était alors de renforcer les économies nationales, les unions douanières contemporaines, encouragées par l'Organisation mondiale du Commerce, visent clairement à doper la mondialisation commerciale en augmentant la taille des marchés par le rapprochement de l'offre et de la demande. Bien plus, les Etats membres de l'union douanière peuvent développer leurs spécificités, créer des bassins industriels ou des incubateurs pour ne pas se faire concurrence et satisfaire leurs besoins régionaux par une action complémentaire. Dans ce contexte, l'union douanière peut permettre à la régionalisation de limiter les effets nocifs de la concurrence déloyale, toujours possible dans le cas des accords de libre-échange, et de contenir considérablement les coûts des importations. Pour les Etats, l'union douanière est une ressource stratégique pour la stimulation de la croissance locale. Elle crée un espace de confiance et de complémentarité entre des Etats voisins. Du point de vue de la stratégie du multilatéralisme développé notamment par l'OMC, ce sont les effets bénéfiques des unions douanières qui stimulent la croissance mondiale, par la mise en place d'une échelle inter-régionale. Celle-ci devient une variable nouvelle des échanges internationaux, à côté des deux variables traditionnelles que sont les échelles multi et bilatérale. Le tableau suivant présente la liste de la douzaine d'unions douanières recensées dans le monde.

Tableau n°1 : L'état des unions douanières dans le monde

Ensemble régional	Signature du traité	Pays membres	Observations
Union européenne	1er janvier 1968	CEE + Accords UE/Etats tiers	
Union eurasienne	29 mai 2014, entrée en vigueur 1er janvier 2015	Russie + Kazakhstan, Biélorussie, Arménie, Kirghizistan, Tadjikistan	
Mercosur	26 mars 1991	Argentine, Brésil, Paraguay, Uruguay, Venezuela	
East African Community (EAC)	Créée en 1967, dissoute en 1977 et recréée le 7 décembre 2000	Kenya, Ouganda, Burundi, Rwanda, Tanzanie	
Communauté économique et monétaire d'Afrique centrale (CEMAC)	16 mars 1994 à N'djamena, entrée en vigueur en juin 1999	Cameroun, Guinée équatoriale, Gabon, République centrafricaine, Tchad,	

		Congo Brazzaville	
Conseil de coopération des Etats arabes du golfe arabique	25 mai 1981	Arabie Saoudite, Koweït, Oman, Bahreïn, Émirats Arabes Unis, Qatar	Club de pétromonarchies sunnites ; marché commun ouvert le 1er juin 2008, monnaie unique prévue en 2010, mais toujours attendue (2016).
Southern African Custom Union (SACU) Union douanière d'Afrique australe	1969	Afrique du Sud, Lesotho, Botswana, Namibie, Swaziland	Plus vieille union douanière du monde : la Customs Union Agreement est l'ancêtre de la SACU. Créée en 1910, elle associait l'Union sud-africaine au Bechuanaland du Basutoland et au Swaziland.
Union économique et monétaire d'Afrique de l'Ouest (UEMOA)	Créée le 10 janvier 1994 à Dakar, pour succéder à l'Union Monétaire Ouest-Africain (UMOA, en place depuis 1962)	Bénin, Burkina Faso, Côte d'Ivoire, Togo, Niger, Mali, Guinée Bissau, Sénégal	
Israël-Territoires palestiniens	1994	Israël et Territoires palestiniens sous contrôle de l'Organisation pour la libération de la Palestine (OLP).	
Suisse-Liechtenstein	1924	Suisse-Liechtenstein	
Union européenne/Turquie	31 déc. 1995	Union européenne/Turquie	Concerne la libre circulation des biens
Union européenne/Principauté d'Andores	1990	Union européenne/Principauté d'Andores	Concerne les produits industriels et le protocole de sécurité

Source : Wikipedia.org, compilation de données, mars 2016

3.2. Formes de régionalisations molles

A divers degrés, l'intégration politique (Union européenne), les accords de libre-échange (ALENA, MERCOSUR, TPP, etc.) et les unions douanières (UE, SADC, UEMOA, CEMAC, etc.) sont des figures du « régionalisme fermé », avec de contraintes juridiques et une éthique des affaires dictée par l'appartenance à un ensemble régional. Par contre, et confirmant le « régionalisme ouvert » dont nous avons déjà parlé, l'intégration régionale peut se faire autour des sujets et des coalitions ponctuelles et éphémères ou virtuelles, qui visent à gérer les questions régionales ou interrégionales, parfois informelles, sans préférence commerciale aucune et sans contrainte de durée ni de formalisme juridique précis (Traités, Accords, etc.). Jean-Marc Siroen[69] classe les associations et forums de coopération économique dans cette catégorie que nous nommons de régionalisation molle, qui vise avant tout à produire une entente minimale entre Etats ou régions, et sur les problématiques normatives et les codes de bonne conduite devant être observés sur la scène de l'économie mondiale par des acteurs considérés comme libres. Mais quels sont les enjeux de la régionalisation pour la gouvernance ?

4. Régionalisation et problématique de la gouvernance

Pour deux raisons, la régionalisation peut être considérée comme un phénomène économique à grands enjeux politiques. La première raison est que ce phénomène découle du choix politique et stratégique d'insuffler un nouvel imaginaire et de nouveaux cadres à la pratique des relations internationales, notamment pour éloigner le risque d'un nouveau conflit mondial. La régionalisation est le produit d'un choix volontariste exprimé par le multilatéralisme, qui est le concept politique pour briser définitivement les barrières douanières qui ont conduit à l'exacerbation des replis nationaux dans les années 1930. De ce point de vue, deux évènements à l'origine de la régionalisation et de son développement vont de pair : l'invention des organes internationaux de régulation du commerce et de la finance (FMI, OMC, BM) et la naissance de l'Union européenne, par la mise en place du couple franco-allemand pour fonder l'économie européenne du charbon et de

[69] Jean-Marc Siroen, *La régionalisation de l'économie mondiale, op.cit.*, p.12-13.

l'acier de la fin des années 1950. La seconde raison est que l'émergence d'un espace régional ne fait pas que communautariser les outils de commercialisation des marchandises et des services : elle modifie profondément la gouvernance en soumettant les gouvernements nationaux au respect des traités internationaux de plus en plus nombreux et de plus en plus contraignants. Si bien qu'on peut parler de l'émergence d'une nouvelle ère politique, marquée par l'expansion des processus régionaux des échanges commerciaux aux différents pôles de la gestion des biens publics. Cette expansion change les termes de la gouvernance et incite à considérer le gouvernement lui-même comme une pratique d'entreprise : une nouvelle économie politique émerge où l'Etat est à la tête des sociétés de plus en plus ouvertes et démocratiques[70]. Cette section considère cet enjeu politique de la régionalisation et propose de décrypter l'économie politique de l'ère régionaliste. On observe que si les contraintes s'imposent à tous les contractants, le poids économique des régions et même les régions elles-mêmes se construisent parfois autour d'Etats pivots et puissants. La régionalisation renforce donc des pays spécifiques, en termes de géopolitique d'influence mondiale. La géographie économique donne une idée du développement de ce phénomène en comparant les échanges à l'intérieur et à l'extérieur des ensembles intégrés. Nous analyserons aussi comment l'émergence de la régionalisation pose des questions de gouvernance à des Etats contraints d'aligner leurs pratiques sur des normes extérieures qui de plus en plus se standardisent.

4.1. Le pouvoir économico-politique de la triade

Les grands ensembles régionaux ont poussé partout dans le monde, avec un poids économique variable. Spécialiste de la

[70] Hirsch, Joachim. "Nation-state, international regulation and the question of democracy." *Review of International Political Economy* 2.2 (1995): 267-284.

mondialisation[71] et de la stratégie des entreprises multinationales[72], l'économiste japonais Kenichi Ohmae a proposé d'analyser ce poids économique des ensembles régionaux au travers du concept de la « triade »[73], qui aide à décrire une géographie économique de la globalisation où l'essentiel des flux se déroule au travers d'une intégration régionale triangulaire à trois angles : l'Europe occidentale, l'Amérique du Nord et l'Asie orientale. Cette triade se construit autour de la puissance de deux Etats leaders du commerce mondial (les Etats-Unis et le Japon) et de l'Union européenne, qui se présente comme une entité régionale très dynamique en termes d'exportation. Au moment de la présentation de ce concept en 1985, l'auteur remarquait dans sa préface que le produit national brut (PNB) du Japon et des Etats-Unis d'Amérique réunis représentaient 30% du total mondial. Ce chiffre grimpait à 45% si on y ajoutait le PNB des quatre principaux pays de ce qui n'était alors que la Communauté Economique Européenne (CEE) : Royaume Uni, Allemagne (fédérale), France, Italie[74]. Pour K. Ohmae, les trois pôles de la triade (Etats-Unis, Japon, CEE) trônent à la tête des pays de l'OCDE, qui ne représentent que 15% des pays du monde, mais produisent annuellement 54% des biens et produits marchands (PNB) dans le monde. Stratégiquement, cela signifie que ces trois pôles forment une

[71] Voir Ohmae, Kenichi. *The borderless world: Power and strategy in the global marketplace*. Harper Collins, 1994 et, du même auteur, "The next global stage." *Wharton School Publising* (2005).

[72] Voir Ohmae, Kenichi. "Managing innovation and new products in key Japanese industries." *Research Management* 28.4 (1985): 11-18 et, du même auteur, "The global logic of strategic alliances." *Harvard business review* 67.2 (1989): 143-154 et Ohmae, Kenichi, and Carlo Luigi Rossi. *Strategie creative: the mind of the strategist*. Ipsoa, 1985.

[73] Ohmae, Kenichi, *Triad power: the coming shape of global competition*, New York, Free Press, 1985. Traduction française: Ohmae Kenichi (trad. Chantal Pommier, préf. François Dalbe), *La Triade : émergence d'une stratégie mondiale de l'entreprise*, Paris, Flammarion, 1985.

[74] "With Japan's emergence as an industrial power, the combined national gross power (NGP) and the United States alone accounts for 30 per cent for the Free World's total. If the four key countries of European Community, that is, the United Kingdom, West Germany, France and Italy are added to this, the figure reaches 45 per cent" (Ohmae, Kenichi, *Triad power, op.cit., p.xiii).*

corporation de marchés régionaux majeurs *(major markets)*[75]. Ils sont aussi à la tête des régions les plus dynamiques et les plus attractifs pour le positionnement des multinationales, qui y voient des points de déploiement pour inonder ou capturer l'essentiel du potentiel mondial.

Dans ce nouveau contexte de la recomposition spatiale de l'économie des régions, l'apparition de l'ALENA renforce davantage la puissance américaine en lui adjoignant deux nouvelles périphéries : le Canada et le Mexique. De même, l'Europe des 28 a transformé toute l'Europe centrale (et dans une moindre mesure l'Europe orientale) en base arrière des pays de l'Europe occidentale. En Asie du sud-est, l'émergence de la Chine, de Taïwan et de la Corée du Sud modifie quelque peu la donne. Cette nouvelle situation confirme la théorie de K. Ohmae : depuis le début du XXIème, la triade se confirme comme le cœur de l'économie et de la politique mondiale. En 2008, « les pays de cette triade représentaient 68 % du PIB mondial, 75 % du commerce mondial, et 90 % des opérations financières mondiales. »[76] Il faut ajouter qu'en 2014, 1 776 milliards de dollars ont été consacrés aux dépenses militaires. 81% de ces dépenses étaient celles des pays de la triade, dont 34% pour les seuls Etats-Unis d'Amérique et 12% pour la Chine. Quatre des cinq pays membres du conseil de sécurité des Nations Unies sont issus de la triade élargie : Etats-Unis, Royaume-Uni, France, Chine, qui sont aussi officiellement des puissances nucléaires. Selon la même source, en 2015, et si on ne considère pas la Chine, « 74 % des 500 plus importantes firmes multinationales du monde sont concentrés dans les pays de la Triade, notamment dans les secteurs stratégiques-clés : l'industrie pétrolière, l'automobile, l'aéronautique, l'agroalimentaire, la pharmacie. »[77]

En somme, en concentrant l'innovation et les secteurs stratégiques en leur sein et en attendant la probable maturité des économies émergentes, les pays leaders de la triade restent au

[75] Voir les analyses d'Ohmae, Kenichi. "Becoming a triad power: The new global corporation."*International Marketing Review* 3.3 (1986): 7-20.
[76]Source : https://www.mataf.net/fr/eco/edu/guide-economie/triade
[77] *Idem.*

cœur des aires géopolitiques les plus intégrées et les plus dynamiques de la régionalisation de l'économie mondiale. Ce qui, après la fin de l'ère bipolaire, confirme l'approche multilatérale initié à la fin de la seconde guerre mondiale qui a vu la naissance des institutions internationales de régulation. Dans ce contexte, et si la naissance du Trans-pacifique (Trans Pacific Partnership, TPP, 40% du commerce international) se confirme -ou plutôt survit à la menace du président Donald Trump d'y renoncer-, les Etats-Unis seront confortés dans leur rôle de leader du commerce mondial. La politique de voisinage de l'Union européenne, actuellement appliquée à seize pays les plus proches voisins de cette région[78], « s'appuie sur les valeurs qui sont celles de la démocratie, de l'état de droit et du respect des Droits de l'homme »[79]. Mais en termes stratégiques, ces valeurs ne sont pas seulement des catégories morales : le développement de la démocratie accélère l'ouverture de nouveaux marchés et consacre de nouveaux débouchés aux entrepreneurs de l'Union européenne. Si bien que l'influence de l'UE dans les alentours de la région va s'en aller croissante. Pour sa part, le Japon peut résister à la montée de la Chine et de la Corée en conservant le niveau de qualité de ses produits électroniques et informatiques, ainsi que la puissance de son industrie automobile. L'investissement du Japon dans les nouveaux pays de la région dans le cadre de l'Accord ASEAN+3 peut renforcer sa position comme caution technique de l'économie des microprocesseurs et des semi-conducteurs.

4.2. Régionalisation et gouvernance

La plupart de temps, le plus grand nombre de pays, surtout européens, sont impliqués à la fois dans l'intégration politique, l'union douanière, les zones de libre-échange et dans un ou plusieurs forums et associations à vocation régionale. Toutes ces connexions infrarégionales montrent que, sur le plan

---

[78] Algérie, Arménie, Azerbaïdjan, Biélorussie, Égypte, Géorgie, Israël, Jordanie, Liban, Libye, Maroc, Moldavie, Palestine, Syrie, Tunisie et Ukraine.
[79] Source : UE, « La politique européenne de voisinage », disponible sur http://www.europarl.europa.eu

économique, il est certain que les gouvernements pris individuellement n'ont pas pu résister à la globalisation de l'économie : la souveraineté nationale est l'un des grands perdants de la mondialisation. En effet, « La mondialisation réduit les marges de manœuvre des États dans la conduite de leur politique économique. L'intégration financière impose également des contraintes au plan de la politique monétaire et du change. »[80] L'option régionale montre cependant que « l'existence de contraintes ne signifie pas l'absence de choix. Ni la paralysie de la gouvernance mais cette dernière doit s'appuyer sur des institutions internationales fortes dont la légitimité reste à reconstruire »[81].

Aujourd'hui, la mondialisation place les politiques économiques nationales sous la contrainte du marché global relayé par l'échelle régionale. En effet, l'irruption de la mondialisation implique une réduction de la souveraineté par adaptation du marché national à de nouvelles contraintes structurelles et conjoncturelles : « Au niveau des politiques structurelles – qui visent à modifier en profondeur les conditions de fonctionnement de l'économie sur le long terme – les États doivent rendre attractives leurs économies, attirer les capitaux étrangers, favoriser l'implantation de firmes multinationales. Cela peut impliquer d'abaisser le coût du facteur travail (salaires plus cotisations sociales), de réduire la fiscalité (impôts sur les bénéfices) et d'introduire plus de concurrence et de flexibilité sur les marchés. »[82] Avec la mondialisation, le modèle de l'économie de marché s'étend partout, au nom de la stimulation de la compétitivité et de la croissance, parfois au grand dam des politiques publiques plus généreuses précédemment mises en place. Il faut ajouter qu'« au niveau des politiques conjoncturelles – qui visent à soutenir ponctuellement la demande – l'ouverture commerciale des économies rend moins efficace la politique budgétaire. Les relances traditionnelles échouent car elles profitent de plus en

---

[80] Source : Encyclopaedia universalis, disponible sur : http://www.universalis.fr/encyclopedie/mondialisation-histoire-de-la-mondialisation/4-gouverner-la-mondialisation

[81] *Idem.*

[82] *Idem.*

plus aux importations qui, dans le cas de la France, représentent plus de 25 p.100 du P.I.B. (bien davantage encore dans des petits pays très ouverts comme la Belgique, environ 80 p.100 du P.I.B.) »[83]. Il s'ensuit que pour les économies de faible taille et à très faible valeur ajoutée, la mondialisation plombe les exportations et réduit considérablement les marges de manœuvre de l'Etat.

En même temps, la régionalisation de l'économie globale marque le coup d'une mondialisation de cette pratique de l'unification commerciale des espaces nationaux contigus : elle montre qu'un développement mutuel peut reposer sur une politique de voisinage et d'ouverture réciproque des frontières aux produits manufacturés et à certains biens et services. Ce qui est échangé à cette échelle géographique, « ce sont tous les types de flux, ou seulement certains d'entre eux : les biens, les services, les facteurs de production, les capitaux financiers, les monnaies. [La régionalisation] peut être associée à une intégration des marchés qui conduit, notamment, à rendre les mêmes biens disponibles partout à des conditions de prix et de qualité très proches »[84].

Cela signifie qu'une régionalisation économique aboutie fait de la zone géo-commerciale ainsi créée le principal acteur du développement des Etats impliqués. L'économie mondiale peut être considérée comme la généralisation de ces zones préférentielles d'échanges transfrontaliers, qui se mettent en place partout. Elle signifie dès lors que « les relations économiques sont plus intenses entre les pays qui appartiennent à une même grande zone géographique (l'Europe, l'Amérique du Nord, l'Asie du Sud-Est) qu'avec le Reste du monde. »[85] Comme pratique de libre-échange, la régionalisation reflète le dynamisme morcelé de l'économie des Etats voisins à l'échelle mondiale.

La régionalisation est aussi un phénomène politique : la question du pouvoir est en effet au centre de ce processus qui introduit l'intégration régionale comme préalable des stratégies

---

[83] *Idem.*

[84] Jean-Marc Siroen, *La régionalisation de l'économie mondiale, op.cit.*, p.6.

[85] *Idem.*

économiques et les choix de politique fiscale. La régionalisation n'est plus une option, mais une condition *sine qua non* du développement d'une politique économique moderne. Les gouvernements nationaux font face à un fait accompli de la globalisation de l'économie qui crée un nouveau contexte de gestion politique. Le pouvoir politique est contraint d'évoluer, de sortir du territoire. Pour être légitime, le pouvoir politique doit muter, ou tout au moins maîtriser les éléments de langage aussi bien de la nouvelle économie que de la nouvelle gouvernance qu'elle implique. Le nouveau lexique de la gouvernance à l'heure de la globalisation doit intégrer le sens du double processus d'intégration qui accompagne l'unification de l'espace économique mondial. En effet, cette unification ne se fait pas qu'au niveau géographique et matériel, au seuil de la contiguïté territoriale. L'unification dont il est question proclame la fin de la géographie : elle se déroule à l'échelle virtuelle. Ainsi, « la mondialisation des échanges, de la production et de la finance dessine un réseau d'interdépendances complexe, dont la densité globale est démultipliée par la révolution des technologies de l'information. »[86]

[86] Jacques Adda, « La régionalisation du monde », *op.cit.*

DEUXIÈME PARTIE :
UNE RÉGIONALISATION EN TROMPE L'ŒIL ?

« Puisque le peuple vote contre le Gouvernement,
il faut dissoudre le peuple. »

Bertolt Brecht

Pascal Le Pautremat a indiqué que l'Afrique, c'est « Plus de 30,3 millions de km² en intégrant les espaces insulaires, une population de plus de 1,1 milliard d'habitants... Un continent qui rassemble quelque 2 500 ethnies et, surtout, qui bénéficie de richesses naturelles considérables. »[87] Parlant pour le compte de son institution, Stefan Nalletamby, alors vice-président par intérim de la Banque africaine de développement en charge des infrastructures, du secteur privé et de l'intégration régionale, indiquait l'enjeu de l'intégration pour le développement de l'énorme potentiel africain en ces termes : « L'intégration est au cœur de l'avenir de l'Afrique. Cet avenir sera forgé par 1,1 milliard de citoyens et une population jeune grandissante. C'est un avenir d'opportunités sur un marché de 54 pays, ce sont des consommateurs au pouvoir d'achat accru, dans une Afrique ouverte au commerce avec le reste du monde et concurrentielle dans le domaine des biens et des services à plus haute valeur ajoutée. « Intégrer l'Afrique », « industrialiser l'Afrique », « éclairer l'Afrique et l'alimenter en énergie », « nourrir l'Afrique » et « améliorer la qualité de vie des populations africaines », sont les cinq grandes priorités stratégiques de la Banque en vue de transformer le continent au cours des dix prochaines années. »[88]

---

[87] Pascal Le Pautremat, « L'Afrique : entre défis et succès potentiels, loin des fatalités », post du 3 octobre 2015 sur Diploweb.com, *La revue géopolitique*, disponible sur http://www.diploweb.com/L-Afrique-entre-defis-et-succes.html
[88] Stefan Nalletamby, « Avant-propos, Banque Africaine de Développement » in UA, ONU/CEA, BAD, *Indice de l'intégration régionale en Afrique. Rapport 2016*, p.5.

A un certain degré, la réalité semble donner raison à cet optimisme affiché et à cette volonté de programmer la perspective stratégique qui travaille certaines élites africaines. En effet, et en dépit d'une conjoncture internationale défavorable, l'Afrique (se) bouge. En 2015, on observait des perspectives économiques solides sur l'ensemble du continent : « La croissance du PIB en volume devrait s'établir à 3,6%, soit mieux que la moyenne mondiale (3,1%) et la zone euro (1,5%), confirmant ainsi la deuxième place du continent, derrière l'Asie de l'Est, pour sa progression. L'Afrique subsaharienne (hors Afrique du Sud) affiche une croissance plus soutenue que la moyenne africaine en 2015, à 4,2%, emmenée par l'Afrique de l'Est, en tête avec un taux de 6,3%. L'Afrique centrale, l'Afrique du Nord et l'Afrique de l'Ouest ont tous connu des performances supérieures à 3%, tandis que l'Afrique du Sud progressait à un rythme moyen de 2,2%. La croissance moyenne du continent devrait rester modérée en 2016, à 3,7%, avant de s'accélérer à 4,5% en 2017 »[89]

Pour Marco Pani du Département Afrique du FMI, ce dynamisme de l'Afrique subsaharienne que marque la croissance régionale repose sur divers facteurs économiques : « Dans la plupart des pays, la croissance s'appuie à la fois sur les investissements d'infrastructure, la vitalité du secteur des services et une abondante production agricole. La dynamique de la croissance demeure particulièrement forte au Nigéria, première économie régionale, et dans les pays à faible revenu de la région. Les révisions apportées récemment aux données des comptes nationaux, notamment au Nigéria, ont aussi révélé que les économies de la région étaient plus diversifiées qu'on ne le pensait, en mettant en évidence en particulier le rôle important joué par les services. »[90]

En dépit de ces chiffres encourageants, la même source admet la fragilité de la croissance économique africaine et indique que ces prévisions dépendent étroitement de la

---

[89] BAD, OCDE, PNUD (2016), *Perspectives économiques en Afrique : villes durables et transformation structurelle,* éditorial, p.5.

[90] Marco Pani, « Bulletin du FMI : Croissance vigoureuse en Afrique subsaharienne, mais aussi des difficultés à surmonter », posté le 20 octobre 2014, https://www.imf.org/fr/News/Articles/2015/09/28/04/53/socar102014a

« vigueur de l'économie mondiale et du redressement progressif des cours des produits de base »[91]. Cette dépendance du continent à l'égard de l'extérieur est marquée par l'importance des flux financiers extérieurs (208 milliards de dollars en 2015, avec la part la plus importante due aux transferts des migrants) et le recours des gouvernements africains aux marchés internationaux de capitaux, parfois à des taux d'intérêts élevés en raison du peu de solidité des indices de stabilité intérieure. Il faut rester mesuré sur la croissance africaine, d'autant plus que « Dans la plupart des pays [africains], les résultats remarquables de la décennie écoulée [2000-2010] tenaient essentiellement à des facteurs d'ordre intérieur, mais aussi à une conjoncture extérieure favorable marquée tout particulièrement par l'accélération de la croissance dans les pays émergents et le caractère extrêmement accommodant des conditions financières à l'échelle mondiale. Ces facteurs devraient s'affaiblir, ce qui aura des effets incertains sur l'Afrique subsaharienne. »[92]

A ces « aléas négatifs », il faut ajouter la faiblesse de la régionalisation qui, selon nous, fait partie des handicaps structurels qui minent la croissance africaine. Nous montrerons dans cette partie de l'ouvrage que la régionalisation, comme nœud stratégique de l'inscription des Etats dans la globalisation économique, n'a pas réellement posé ses valises en Afrique subsaharienne.

Le continent est contourné par les grandes routes régionales où se forgent pour développer et doper les échanges mondiaux. Le fait est que la situation s'est même quelque peu empirée : en 2013, l'Organisation Mondiale du Commerce (OMC) constatait la bonne santé du commerce multilatéral et interrégional, en indiquant que dans la circulation mondiale des marchandises, 44% provenaient des pays en développement et 52% des économies développées. Plus intéressant encore, sur cette année-là, « Plus de la moitié des exportations de marchandises des économies en développement sont destinées à d'autres

---

[91] *Idem.*

[92] Fonds Monétaire International (FMI), *Afrique subsaharienne. Pour une croissance durable et plus solidaire,* Études économiques et financières, Perspectives économiques régionales, avril 2014, p.2.

économies en développement »[93]. Si cela confirme la tendance à la régionalisation et à l'ouverture des marchés, il faut noter que paradoxalement, celle-ci n'a pas profité à l'Afrique autant qu'aux BRICS.

En effet, contrairement à l'Asie et à l'Amérique latine qui sont fortement représentées, en 2014, l'Afrique du Sud est le seul pays africain qui figure sur la liste de l'OMC[94] des pays participant aux chaînes de valeur mondiales (CVM) qui montrent comment « L'internationalisation de la production a entraîné la mondialisation croissante des réseaux de production ou chaînes de valeur »[95]. Les CVM sont un indicateur de la capacité de certaines économies à se spécialiser dans des segments précis ou étapes de la production des biens manufacturés ensuite distribués dans l'économie. La globalisation permet aux CVM de prendre de plus en plus de place, au point où « En 2011, près de la moitié (49%) des échanges mondiaux de marchandises et de services avait lieu dans le cadre des chaînes de valeur mondiales »[96].

De ce point de vue, l'absence de l'Afrique dans les CVM doit être objectivement interprétée comme un décrochage. Certes, la valeur des exportations africaines est croissante (elles passent de 106 millions de dollars US en 1990 à 379 millions de dollars US en 2009)[97]. Mais la contribution de l'Afrique au commerce mondial reste stagnante, au moment où la circulation internationale des marchandises continue d'être totalement confisquée par les pays de la Triade élargie : « Le commerce mondial représente en termes de marchandises échangés une valeur de 6300 milliards de dollars. Sur ce total, l'Union européenne réalise 40%, l'Asie orientale 28% (dont NPI 10%, Chine 8%, Japon 7,5%), l'Amérique du Nord 14,5%,

---

[93] OMC (2014) « Evolution du commerce mondial », sur : https://www.wto.org/french/res_f/statis_f/its2014.

[94] Sur la liste des pays participant aux CVM en 2015, voir Organisation mondiale du commerce (OMC), *Statistiques du commerce international 2015*, p.19.

[95] *Ibid.*, p.18.

[96] *Idem.*

[97] Source des données : http://georepere.e-monsite.com/medias/files/afrique-et-commerce-international-1.pdf

l'Amérique latine 5% et l'Afrique 2%. »[98] En 2013, l'Afrique perdait 3% d'exportations de services commerciaux, au moment où on constatait une augmentation de 13% de la part des Pays les Moins Avancés (PMA) dans ce segment important de l'économie mondiale.

Réfléchir la question de la régionalisation en Afrique amènera ici à croiser des éléments factuels et structurels, à considérer des facteurs endogènes et exogènes, à articuler l'économique, le politique et le culturel. Dans cette perspective, nous nous pencherons ici sur l'état des lieux de la régionalisation en Afrique, en montrant le paradoxe qui existe entre la fluidité de l'architecture institutionnelle et le faible poids des échanges infra et interrégionaux (chapitre 3). Pour expliquer ce paradoxe, on fera l'hypothèse que le souverainisme des Etats africains nouvellement indépendants, en s'articulant au choix du développement des idéologies émancipatrices (panafricanisme, socialisme, etc.) plutôt que de privilégier les échanges concrets et sans filets entre Etats, a presque conduit fatalement à la faiblesse structurelle des économies africaines (chapitre 4).

---

[98] *Idem.*

Chapitre 3 :
Histoire et état des lieux

« L'Afrique se compose d'une cinquantaine d'États, dont une vingtaine comptent moins de 10 millions d'habitants, et près d'une dizaine moins d'un million. Que pèse chacun d'eux face aux grands ensembles qui occupent aujourd'hui la scène mondiale ? (...) L'Afrique peut-elle continuer à regarder, impuissante, l'évolution d'un monde sur lequel elle n'a pas prise ? Peut-elle continuer à se marginaliser alors qu'elle possède tous les outils d'une meilleure insertion dans le monde d'aujourd'hui : ressources naturelles, jeunesse et dynamisme de sa population, richesse de ses cultures, etc. ? »

Abdou Diouf, « Afrique : l'intégration régionale face à la mondialisation », *Politique étrangère* 2006/4 (Hiver), p. 785-797, pp.785-786 pour la citation.

Lorsqu'on parle de la régionalisation africaine, on désigne « la libre circulation des biens et de mouvement sur tout le continent africain. Cela implique la mise en place de dispositifs facilitant le transit transfrontalier des biens, dans le domaine des transports, de l'énergie et des télécommunications pour resserrer les liens entre un plus grand nombre d'individus sur un ensemble plus étendu de pays, pour permettre aux hommes de traverser les frontières en toute liberté et aux capitaux et aux produits de transiter et de fructifier au-delà des limites des territoires nationaux. »[99] Il est certain que le continent africain est encore très éloigné de tels standards, même si plusieurs institutions ont décidé d'y travailler à différentes échelles. Pour comprendre l'ensemble des difficultés qui s'opposent à l'intégration en Afrique, ce chapitre propose une approche qui privilégie le temps long et aborde la question de l'émergence du

[99] UNECA, « Points forts - Indice de l'intégration régionale en Afrique-Rapport 2016 », disponible sur http://www.uneca.org/fr/oria/pages/points-forts-indice-de-lint%C3%A9gration-r%C3%A9gionale-en-afrique-indice-de-lint%C3%A9gration-r%C3%A9gionale.

fait régional sur le continent à partir d'un paradoxe : en Afrique, si la régionalisation est une réalité institutionnelle irréductible, l'espace supranational n'a émergé nulle part comme dimension structurante des échanges et de la prospérité mutuelle des Etats. L'exposé présentera les grandes régions africaines à partir de la grande transformation coloniale (1) indépendances africaines, la régionalisation s'est accélérée : on note une course à la régionalisation qui multiplie partout les dynamiques d'échanges inter-états (2).

1. Situation (pré) coloniale

En Afrique, la régionalisation est, comme dans les cas déjà observés ailleurs (première partie), une construction historique issue pour une grande part de la contiguïté des territoires nationaux. Dans cette section, l'analyse menée inscrit la régionalisation dans le temps long de l'histoire africaine, en considérant la grande transformation coloniale (1) comme un moment clé qui détruit l'économie des échanges intra-africains (a) pour ouvrir une ère de connexion de l'Afrique au commerce mondial (b). La construction laborieuse des espaces économiques régionaux postcoloniaux (2) et (3) les Communautés Economiques Régionales (CER) en sont les émanations.

1.1. La grande transformation coloniale

L'émergence des espaces régionaux africains contemporains est issue du volontarisme politique et acteurs coloniaux et doit très peu aux différentes situations géographiques, démographiques et linguistiques qui constituaient les marqueurs identitaires des sociétés africaines précoloniales. Cette section indique les grandes caractéristiques de l'organisation spatiale précoloniale (a) desquelles le colonisateur s'affranchit pour transformer l'environnement et imposer de nouvelles logiques (b).

a) Dynamique de l'économie transrégionale précoloniale

A l'époque précoloniale (XVè-XVIIè s.), des situations de proximité géographique, linguistique et/ou ethnique ont créé une économie transrégionale très dynamique. Des grandes routes transcontinentales attestent du cosmopolitisme africain et des grands espaces de libre-échange à l'époque précoloniale, construits autour d'un important réseau urbain[100]. Ces routes favorisaient le commerce au loin et passaient par des lieux qui sont devenus des centres importants et des socles de construction de l'ordre colonial, voire de l'Etat postcolonial. Par exemple, jusqu'au XIXème siècle, l'actuelle Guinée est un carrefour de routes commerciales qui relient cette zone à l'empire de Ségou au nord et, au sud, à la ville de Freetown et au grand ensemble forestier[101]. Les routes transsahariennes ont particulièrement retenu l'attention des historiens. Jean-Louis Miège a par exemple travaillé sur le mouvement d'ensemble de ces échanges interrégionaux, et indiqué que « Le volume général des échanges, notamment du sud vers le nord [du Sahara] après un tassement dans les années 1840 s'est, partout relevé, sauf en Algérie, pour atteindre le maximum d'ampleur dans les années 1870-1880, bref apogée avant le rapide, profond et inéluctable déclin des premières années du XXe siècle. »[102] Ce déclin des échanges transsahariens commence avec le début de l'exploitation coloniale et on peut bien montrer en quoi la régionalisation contemporaine en Afrique subsaharienne a une histoire qui plonge ses racines dans la désorganisation des routes commerciales transafricaines et, plus largement, le remplacement de l'ordre économique interrégional précolonial par de nouveaux acteurs et des marchandises inédites.

---

[100] Igue, Ogunsola John. *Les villes précoloniales d'Afrique noire.* KARTHALA Editions, 2008.

[101] Sur ce point, voir les analyses de Goerg, Odile. "La destruction d'un réseau d'échange précolonial: l'exemple de la Guinée." *The Journal of African History* 21.04 (1980): 467-484.

[102] Miege, Jean-Louis. "La Libye et le commerce transsaharien au XIXe siècle." *Revue de l'Occident Musulman et de la Méditerranée* 19.1 (1975): 135-168, p.135 pour la citation.

b) Le nouvel ordre

La colonisation a en effet introduit des changements radicaux dans l'organisation des circuits et des objectifs du commerce intra et interrégional. A titre illustratif, suivons l'historien Claude Arditi qui a analysé le cas de la colonie du Tchad. Pour lui, dès les années 1930, « les puissances coloniales voulaient réorienter totalement les axes du commerce international à partir des pays qu'elles contrôlaient désormais. Leur objectif était de faire pénétrer dans l'intérieur du continent, par ces nouvelles voies commerciales, des marchandises européennes et d'évacuer les nouvelles productions agricoles »[103]. En créant des routes, des voies ferrées, des ports pour accompagner la circulation des nouvelles marchandises, ce choix implosait l'ordre intérieur des échanges africains et déplaçait la demande sur les produits importés d'Europe. L'accélération des transports et le développement de l'économie de plantation profitaient ainsi à ce circuit commercial inédit reliant désormais la colonie à la métropole : « Dans la logique du projet colonial, au fur et à mesure que ce nouvel ordre économique et politique serait instauré, les flux marchands transsahariens devaient diminuer peu à peu voire s'éteindre au profit des nouveaux axes économiques. »[104] Complétant cette réorientation des échanges, « cette stratégie économique était liée à la volonté politique de protéger les populations musulmanes du Tchad de la contagion des idéologies panislamistes, véhiculées par certaines confréries (…) qui s'étaient opposées par les armes à la pénétration coloniale ; elle visait au contraire à favoriser celles qui avaient été plus tolérantes vis-à-vis du pouvoir colonial »[105].

Le cas de la colonie du Tchad est emblématique. Il permet, en projection, de voir comment partout, la pénétration coloniale avait choisi ses alliés, créant de nouveaux opérateurs

---

[103] Arditi, Claude. "Le Tchad et le monde arabe: essai d'analyse des relations commerciales de la période précoloniale à aujourd'hui." *Afrique contemporaine* 3 (2003): 185-198, p.185 pour la citation.

[104] *Idem.*

[105] *Idem.*

économiques, tarissant les sources de revenus des anciens entrepreneurs qui vivaient du commerce des esclaves et d'autres activités susceptibles de gêner le nouveau modèle économique mis en place. Les Etats africains indépendants seront portés un peu partout par les petites mains administratives issues des « évolués indigènes », légèrement instruits (niveau secondaire pour la plupart) et dociles à cet ordre nouveau que la colonisation mettait en place.

c) La régionalisation postcoloniale

L'Afrique des Etats postcoloniaux émerge de ce contexte d'externalisation des échanges par l'Etat colonial qui, depuis la Conférence de Berlin (1884-1885), imposa de nouvelles frontières là où il n'y en avait pas, et détruisait celles qui existaient dès lors qu'elles menaçaient ses intérêts. Cette offensive visait à assurer de nouveaux débouchés aux produits manufacturés et une précieuse source de ravitaillement en matières premières agricoles et minières aux sociétés et à européennes et à leur système industriel. A l'échelle continentale, cette offensive a surtout créé un nouveau type de producteur/consommateur africain, connecté au capitalisme mondial dont il travaillait à satisfaire la demande, sans aucun souci ni maîtrise de ses propres besoins. Mais en dépit de cette orientation vers l'extérieur, la régionalisation économique ne s'est pas faite sans mal dans l'Afrique postcoloniale : une brève histoire de la naissance des quatre principaux ensembles régionaux montre une entrée morcelée de l'Afrique postcoloniale dans la régionalisation. Le bilan économique et politique de ces ensembles semble à l'image de l'histoire de leur naissance.

1.2. Géopolitique des régions subsahariennes

Comme les autres blocs géopolitiques mondiaux, l'Afrique est un continent quadrillé par les regroupements régionaux. Quatre grandes structures géopolitiques ont progressivement émergé en Afrique subsaharienne : la Communauté des Etats d'Afrique de l'Ouest (CEDEAO), la Communauté Economique des Etats d'Afrique Centrale (CEEAC), la Communauté de Développement d'Afrique Australe (SADC) et la zone de libre-échange de l'Afrique de l'Est (EAC). Ce paragraphe revient rapidement sur les grandes lignes d'histoire de la naissance de chacune de ces grandes organisations régionales et sur la trajectoire des entités micro-régionales qui ont poussé sur l'espace de leurs territoires.

a) La Communauté Economique des Etats d'Afrique de l'Ouest

Carte n°4 : Pays membres de la CEDEAO

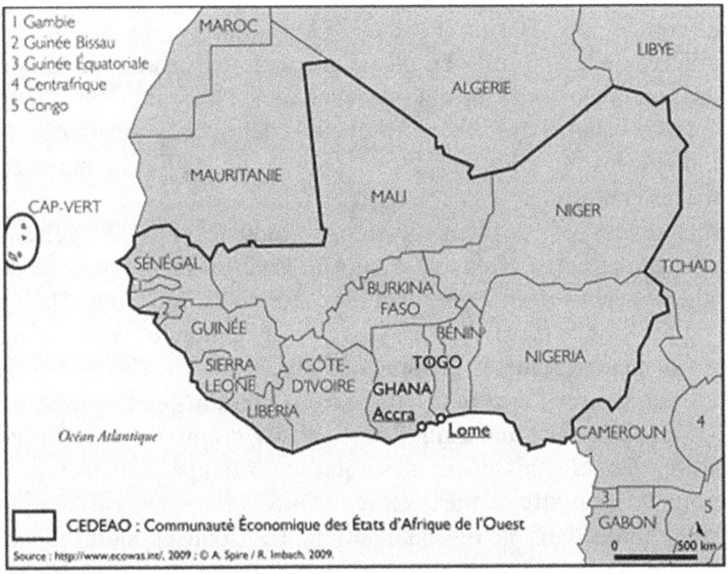

La Communauté économique des États de l'Afrique de l'Ouest (CEDEAO) est une organisation intergouvernementale de coopération régionale. Elle couvre une superficie de 4,5 millions de km² et compte 327,33 millions d'habitants (chiffres de 2015). A sa création, cette organisation regroupait quinze pays. Une réunion a été organisée à Lomé en vue d'étudier une proposition de traité. Une réunion d'experts et de juristes s'est tenue à Accra en janvier 1974 ainsi qu'une réunion de ministres à Monrovia en janvier 1975. Ces deux conférences ont examiné la proposition. Finalement, quinze pays d'Afrique de l'Ouest[106] ont signé le traité pour une communauté économique des Etats de l'Afrique de l'Ouest le 28 mai 1975 à Lagos. Le 5 novembre 1976, les protocoles fondateurs de la CEDEAO sont signés à Lomé au Togo. La Mauritanie va finalement se retirer de l'organisation au profit de l'Union du Maghreb Arabe[107], tandis que le Cap Vert rejoindra la CEDEAO en 1976.

Historiquement, la CEDEAO s'est construite sur une aire géographique anciennement marquée par des activités commerciales de l'ère coloniale[108]. Par leur histoire, les Etats-membres sont tellement différents que le confinement à l'économie semble le plus grand dénominateur commun aux cultures politiques divergentes dont héritaient ces anciennes colonies britanniques, portugaises et françaises. En plus de ces anciens blocs coloniaux, la naissance de la CEDEAO dépassait aussi les frontières entre deux grandes régions géographiques (l'Afrique subsaharienne et l'Afrique de l'Ouest).

Du côté francophone, les pays fondateurs de la CEDEAO sont membres du Conseil de l'entente[109] mis en place en mai

---

[106] Bénin, Burkina Faso, Côte d'Ivoire, Guinée Bissau, Gambie, Ghana, Guinée (Conakry), Libéria, Mali, Niger, Nigéria, Sénégal, Sierra Léone, Togo et la Mauritanie.

[107] Sur ce retrait, voir V. Alioune Sall, *Les mutations de l'intégration régionale des Etats de l'Afrique de l'Ouest,* L'Harmattan, 2007, p.45-46.

[108] Pour Wendy McElroy, l'Afrique de l'Ouest a été une terre coloniale uniquement dédiée au commerce. Elle est donc de création politique récente : "To Europe, Africa was a market for products and a source of raw goods. In short, it was an object of mercantilism – the economic system by which colonial powers economically exploit weaker regions. Thus, West Africa was defined in terms of economic goods – the Ivory Coast, the Gold Coast, the Slave Coast. Beneath the definitions imposed by mercantilism, however, lay a remarkable network of peoples and cultures that amazed and even frightened the West. (…) Europeans created Nigeria as a political unit in 1914, but since the Stone Age it has been peopled by a multitude of ethnic groups with distinct customs and languages.", (Wendy McElroy, "West Africa and Colonialism", part.1, By January 11, 2005, disponible sur http://fff.org/explore-freedom/article/west-africa-colonialism-part-1).

[109] Sur ce point, voir Ahmed Mohamed Ghadhi, *La longue marche de l'Afrique vers l'intégration, le développement et la modernité politique*, L'Harmattan, 2009, 572 p., p. 76.

1959 dans la foulée de la contestation de l'idée de la fédération qui agite le débat africain depuis la loi Gaston Deferre du 23 juin 1956 qui annonce la souveraineté prochaine des anciennes colonies. Ces pays, ce sont : le Dahomey (actuel Bénin), la Haute Volta (actuel Burkina Faso), le Niger, puis le Togo (en 1966), portés par le leadership d'Houphouët-Boigny de la Côte d'Ivoire. Ce Conseil lui-même émanait de l'Union des fédérations des colonies de l'Afrique Occidentale Française (AOF). En 1960, G. Comte indiquait que le Conseil de l'entente, qui est « Le seul ensemble d'Etats africains à avoir résisté aux orages de l'année et à être même fortifié, rassemble précisément les dirigeants noirs qui n'ont jamais cru au panafricanisme et ont obstinément résisté à ses vertiges »[110]. Il faut aussi souligner que deux autres membres fondateurs de la CEDEAO, (le Sénégal et le Mali) sont des démembrements de l'AOF qui s'étaient réunis en cette fameuse année 1959, et qui avaient déjà échoué en 1960 à se maintenir au sein d'une fédération.

Du côté anglophone, les pays émancipés de la Couronne britannique ont pour la plupart opté pour l'unité sous régionale et continentale. Kwame N'krumah a même publié un livre-programme[111] et revendique la paternité de la mise en place, dès novembre 1958, de l'Union des Etats de l'Afrique de l'Ouest (UEAO) qui a fait long feu. En 1964, c'est à un président anglophone, William Tubman du Libéria, qu'on doit l'idée de la création d'une institution sous régionale ouest-africaine. Il travaillera à la concrétiser : en 1965, quatre Etats (Libéria, Sierra Leone, Guinée et Côte d'Ivoire) vont signer un accord dans ce sens, qui sera, là aussi, sans lendemain. On doit la relance du projet de communauté à deux généraux-présidents, l'un anglophone (Yacoubou Gowon du Nigéria) et l'autre francophone (Gnassigbé Eyadéma du Togo) qui travaillent en ce sens dès 1972, et qui « ont rendu visite à douze pays, leur demandant leurs contributions pour la réalisation du projet. »[112]

---

[110] Comte, G. "L'entente: un exemple pour les autres états africains." *Europe France outremer: revue internationale* 38.373 (1960): 16-21.

[111] Nkrumah, Kwame, Roberta Arrigoni, and Giorgio Napolitano. *Africa must unite*. London: Heinemann, 1963.

[112] Wenceslas Sacré Cœur Monzala, « Les initiatives d'intégration régionale en Afrique de l'Ouest : analyse du cadre institutionnel de la CEDEAO »,

b) La Communauté Economique des Etats d'Afrique Centrale (CEEAC)

Carte n°5 : Les pays membres de la CEEAC

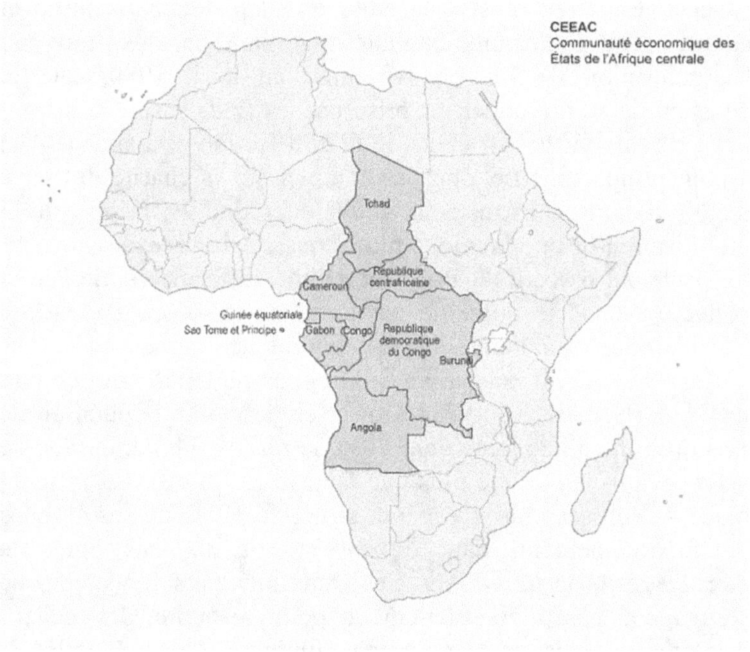

Source : TDRP, disponible sur http://www.tdrp.net/.

Si l'Afrique de l'Ouest a pris le chemin d'une intégration économique large entre quinze Etats voisins dès 1975, le processus sera plus tardif en Afrique centrale et concerner un nombre moins important de pays. En effet, la naissance de la CEEAC date du 18 octobre 1983, par un accord signé à Libreville (Gabon) entre l'île de Sao Tomé et Principe, les pays de l'Union Douanière et Economique de l'Afrique Centrale (UDEAC) comprenant le Cameroun, le Tchad, le Gabon, le Congo, la République centrafricaine, la Guinée équatoriale, et les membres de la Communauté économique des Etats des

mémoire de l'Université Africaine de technologie et de management UATM-GASA - 2009.

Grands Lacs (CEPGL) : Burundi, Rwanda, Congo ex-Zaïre. Après en avoir été observateur, l'Angola intègre la CEEAC en 1999, portant à 11 le nombre de pays membres.

On peut dire que la CEEAC prend ses sources en Afrique de l'Ouest. En effet, c'est à la suite du Plan de Lagos initié et adopté dans l'ancienne capitale nigériane par les Etats de l'Organisation de l'Unité Africaine en avril 1980, que la décision de se regrouper est prise par les Etats suscités. Inspiré par les économistes africains, le Plan d'Action de Lagos (PAL) a pour philosophie de « ne pas compter sur la charité des pays du Nord pour construire un modèle productif ; miser sur la mobilisation des populations plutôt que sur la bureaucratie »[113]. Le principal objectif du PAL est « l'autosuffisance nationale et collective dans le domaine économique et social, en vue de l'instauration d'un nouvel ordre économique international »[114].

La CEEAC est une organisation sous régionale, qui couvre une superficie de 6 640 788 km² et englobe une population de 150 millions d'habitants dont 70% de ruraux. Le démarrage de cette organisation a été plus que laborieux. En effet, la mise en place de son secrétariat général, structure-pilote de ses organes de fonctionnement, date de 1985, soit dix ans après le démarrage de la CEDEAO. Ses Etats membres fondateurs ne s'engagent pas individuellement pour résoudre des échecs d'intégration précédents, comme ce fut le cas dans la CEDEAO. Au contraire, ils coalisent ou font évoluer plusieurs organisations régionales préexistantes ou intégrées au fil du temps, et qui sont plus ou moins stabilisées : 6 pays de la CEEAC appartiennent à la CEMAC (Communauté Economique et Monétaire de l'Afrique Centrale) : Gabon, Cameroun, Guinée Equatoriale, Tchad, République Centrafricaine, Congo-Brazzaville ; 2 à la SADC (Southern Africa Development Community : Angola, Congo-RD) ; 2 au COMESA (Common Market for Eastern and Southern Africa : Congo-RD et Burundi), et 2 à la CENSAD (Communauté des Etats Sahélo-sahéliens : Tchad et République Centrafricaine). Une étude

---

[113] Anne Cécile-Robert, « Le Plan de Lagos », *Le Monde Diplomatique*, disponible sur https://www.monde-diplomatique.fr/mav/141.
[114] *Idem*.

récente de Jérémy a même montré que ce phénomène de la multi-appartenance, très marquée en Afrique de l'Est, est une caractéristique assez commune aux Etats du continent africain[115]. Cet historien propose la carte suivante à l'appui de son analyse.

Carte n°6 : Multi-appartenance des pays africains aux organisations régionales (2015)

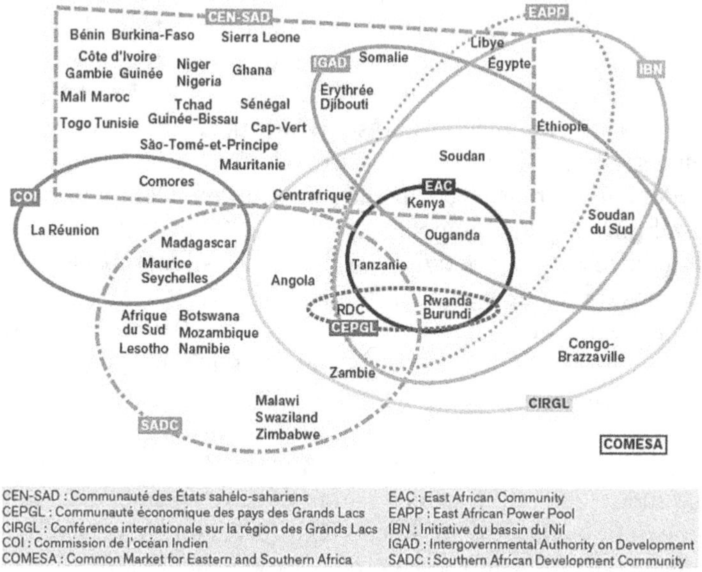

Source : Révillon, Jérémy (2015), *op.cit.*

En plus de cette multi-appartenance, les activités institutionnelles seront longtemps gelées pour deux raisons structurelles dont la première est financière : pendant des années, aucun Etat membre n'était à jour de ses cotisations, preuve qu'au fond d'eux-mêmes, les signataires de l'acte de création de l'organisation ne croyaient sincèrement pas au projet, ou avaient d'autres priorités conjoncturelles à gérer. La deuxième raison est politique : la crise de la région des Grands lacs s'est invitée au cœur de l'organisation, opposant plusieurs

[115] Révillon, Jérémy. "Une Afrique de l'Est ou des Afrique de l'Est?" *Afrique contemporaine* 1 (2015): 69-86.

acteurs et croisant plusieurs intérêts divergents. En première ligne, deux pays de la CEEAC, le Rwanda et l'Angola, qui se sont engagés dans des camps opposés au sein du conflit en République Démocratique du Congo. Cette opposition a longtemps crispé les débats entre Etats membres et conduit au retrait du Rwanda de la CEEAC en janvier 2007, même si officiellement le pays de Paul Kagamé avait alors officiellement annoncé vouloir se consacrer à renforcer sa position au sein de la Communauté des Etats de l'Afrique de l'Est. Si les choses sont revenues dans l'ordre (le Rwanda a réintégré la CEEAC lors de la 16ème session ordinaire de l'assemblée des chefs d'Etats et de gouvernements tenue le 25 mai 2015 à N'Djamena au Tchad, trois ans après avoir posé sa demande de réintégration), l'institution CEEAC n'est pas pour autant totalement stabilisée et opérationnelle. Pour comprendre cette instabilité, il faut se rappeler qu'entre 1992 et 1999, la CEEAC était en cessation d'activités en raison des situations de troubles internes dans 7 de ses 11 Etats membres.

Aussi, à l'inauguration de la réunion de résurrection tenue le 21 janvier 1999 à Libreville, le président gabonais Omar Bongo avait insisté sur la nécessité, pour la CEEAC, de travailler à sa structuration institutionnelle et à la mise en place d'outils permettant une meilleure régionalisation. Depuis lors, au 10ème sommet tenu à Malabo (juin 2002) plusieurs structures d'opérationnalisation de la coopération régionale ont été créées et/ou adoptées : un réseau des Parlementaires de l'Afrique centrale (REPAC), un Conseil de paix et de sécurité en Afrique centrale (COPAX) couvrant la Commission de Défense et Sécurité (CDS) et la Force multinationale de l'Afrique centrale (MARAC), etc.

c) La Southern Africa Development Community (SADC)

Carte n°7 : Pays membres de la SADC

Source : https://tis.sadc.int/english/sarn/about-sarn/

Au début des années 1980, c'est de la dépendance économique à l'égard de l'Afrique du Sud sous apartheid et des agressions militaires de celle-ci qu'il faut se départir. Pour cela la Southern African Development Coordination Conference (SADCC) fut créée le 1er avril 1980 au cours d'une conférence réunissant à Lusaka (Zambie) des pays appartenant pour la plupart à la « ligne de front » : Angola, Botswana, Lesotho, Malawi, Mozambique, Swaziland, Tanzanie, Zambie et Zimbabwe. Ceux-ci ont en commun de soutenir politiquement et militairement l'African National Congress (ANC) de Nelson Mandela, en lutte contre le régime d'apartheid sud-africain, et les guérilleros de la ZAPU (Zimbabwe African People's Union) de Joshua Nkomo, de la ZANU (Zimbabwe African National Union) alors dirigés par Robert Mugabe qui lutte contre le régime raciste de la Rhodésie, ainsi que ceux de la South West African People Organisation (SWAPO), l'Organisation du peuple du Sud-ouest africain que les Nations Unies ont reconnu dès 1973. La SWAPO devient la seule force politique namibienne dans la Résolution 435 de 1977 fixant les modalités de l'indépendance de cette ancienne colonie allemande, ce qui n'arrête pas les expéditions punitives des Sud-Africains. Plutôt que d'une volonté politique assumée et posée, l'empressement de ces pays à s'organiser en entité régionale est une réaction d'instinct de survie imposée par la multiplication des raids militaires de Pretoria contre les pays abritant ou soutenant des guérillas indépendantistes et anti-apartheid, et surtout du projet de la Constellation of South African States (CONSAS), par lequel le régime raciste sud-africain « prétendait établir avec ses proches voisins, mais sous son égide, une « sphère de coprospérité » »[116].

Cette conjoncture politique et existentielle va peser sur le développement de cette structure que rejoignent quatre autres pays : la Namibie dès son indépendance en 1990, l'Afrique du Sud postapartheid (1994), l'île Maurice (1995) le Congo-RD (1997) les Seychelles (réintégrées en 2007 après un retrait en 2003) et l'île de Madagascar (2005). En effet, la SADCC va garder le statut d'une simple conférence de coordination politique et de structure d'action quasi-informelle pendant douze ans, avant de se transformer en zone de libre-échange ayant un statut légal, une administration et un siège (Gaborone, Botswana), à la faveur de la création de la Southern Africa Development Community (SADC, article 2 du Traité) lors du sommet des chefs d'Etats et de gouvernement du 17 août 1992 à Windhoek (Namibie).

L'entrée de la SADC dans la zone de libre-échange à la faveur de la fin de l'apartheid en Afrique du Sud montre clairement « Un changement de paradigme qui consacre la primauté de la dimension économique sur le volet politique. »[117] Avec 10 millions de km², la SADC couvre 15 pays et est la plus grande organisation économique sous régionale africaine et la

---

116 Victoria Brittain, « La stratégie de survie du pouvoir blanc : Guerre ouverte contre les Etats de la « ligne de front » », *Le Monde diplomatique*, février 1988, p.8 et ss., disponible sur https://www.monde-diplomatique.fr/1988/02/BRITTAIN/40613

117 Jacques Leroueil, « La SADC : géant ou nain africain ? », disponible sur http://terangaweb.com/la-sadc-geant-ou-nain/

plus riche (650 milliards de dollars américains de PIB, soit 40% du PIB continental, contre 300 milliards de dollars américains de PIB pour la CEDEAO). Elle est la deuxième la zone économique la plus peuplée (260 millions d'habitants, soit le quart de la population africaine, tout juste après la CEDEAO, 327 millions d'habitants).

d) La East African Community (EAC)

Carte n°8 : Pays membres de l'EAC

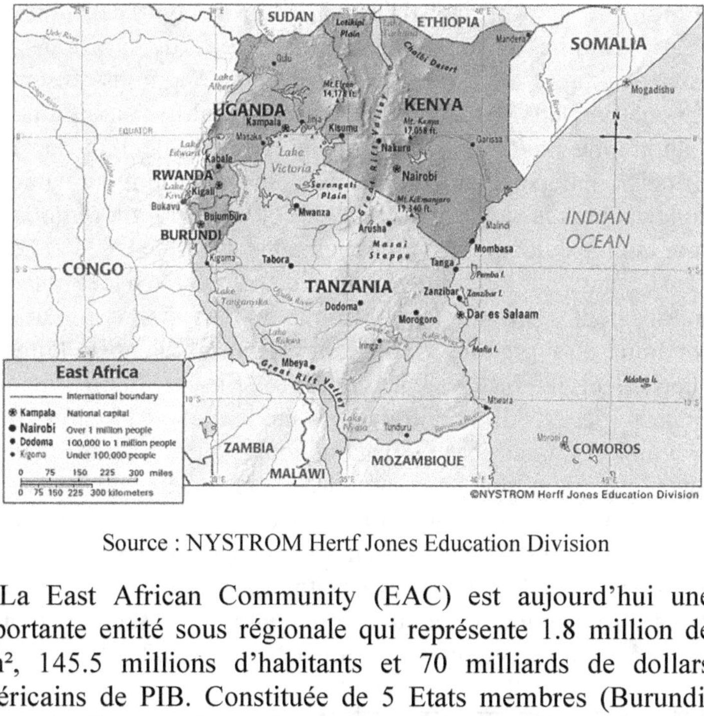

Source : NYSTROM Hertf Jones Education Division

La East African Community (EAC) est aujourd'hui une importante entité sous régionale qui représente 1.8 million de Km², 145.5 millions d'habitants et 70 milliards de dollars américains de PIB. Constituée de 5 Etats membres (Burundi, Tanzanie, Kenya, Ouganda et Rwanda), l'EAC est la seule organisation sous régionale à avoir connu une existence discontinue. En effet, l'EAC a été créée par les trois pays anglophones de la liste : le Kenya, la Tanzanie et l'Ouganda, anciennes colonies britanniques qui signèrent le Traité de 1967 entré en vigueur le 1er décembre de la même année. Mais l'EAC en est à sa seconde vie. Présentée à ses débuts comme un modèle comparable au projet d'intégration européenne de l'époque[118], elle a néanmoins été dissoute en 1977.

L'évènement qui signe le commencement de la fin de l'EAC est la création unilatérale de sa propre compagnie aérienne nationale par le Kenya, au moment où une commission d'experts indépendants s'apprêtait justement à rendre sa copie sur une révision du Traité en vue d'une meilleure collaboration entre les Etats. L'attitude kényane a eu un effet dominos : dans la foulée, la Tanzanie a fermé ses frontières avec le Kenya et tous les engagements mutuels ont rapidement fondu. Le politologue T. Agrippah Mugomba[119] a analysé cette mort de l'EAC comme la fin d'une époque : celle de la coopération panafricaine et de la mise en place des grands ensembles régionaux. Dans le même sens, John Ravenhill[120] a indiqué que l'autonomie (*self reliance*) était le cri de ralliement des Etats africains indépendants qui accédaient aux frontières internationales dans les années 1960/1970, et l'intégration régionale la voie la plus évidente pour s'y maintenir. Dans ce cas, l'échec de l'EAC était un tournant de mauvais augure. Si ces analyses annonçaient l'ère de la confrontation des Etats qui allaient conduire aux grandes déflagrations subsahariennes faites de guerres civiles (Rwanda, Libéria, Sierra Léone, Congo Brazzaville et RD, Centrafrique, etc.) et de démembrements (Erythrée, Soudan, etc.), elles ont sous-estimé les capacités des Etats de la région à rebondir. Après deux décennies de tractations, un nouveau Traité fondateur a été signé le 30 novembre 1999. Son entrée en vigueur le 7 juillet 2000 suite à la ratification des trois pays historiques (Kenya, Ouganda et Tanzanie) marque le renouveau de cette organisation régionale qui rêve d'élargissement : le 18 juin 2007, deux pays

---

[118] Di Delupis, Ingrid Doimi. "The East African Community and Common Market."*The East African Community and Common Market.* (1970).

[119] Mugomba, Agrippah T. "Regional organisations and African underdevelopment: The collapse of the East African Community." *The Journal of Modern African Studies* 16.02 (1978): 261-272.

[120] Ravenhill, John. "Regional integration and development in Africa: lessons from the East African Community." *Journal of Commonwealth & Comparative Politics* 17.3 (1979): 227-246.

francophones faisaient leur entrée dans l'EAC (le Rwanda et le Burundi). L'EAC travaille à un plus grand élargissement et a déjà incité le Sud Soudan, la Zambie, le Congo-RD et le Malawi à la rejoindre. Pour l'instant, seul le Sud Soudan, jeune Etat créé en 2011, a déposé sa candidature pour intégrer cette organisation, dans l'intérêt stratégique évident de réduire sa dépendance à l'égard de Khartoum pour ses exportations et ses importations. Pour l'instant, les autres pays sollicités sont intégrés à d'autres zones économiques, et attendent de voir les évolutions de l'EAC.

En résumé, l'intégration de l'Afrique subsaharienne repose sur la construction inachevée des grands ensembles régionaux que nous venons de présenter rapidement. Ce sont en réalité des ensembles géopolitiques dynamiques, voire instables : des Etats intègrent ou quittent les ensembles régionaux, modifiant les frontières de ces entités. En même temps, ces grands ensembles régionaux sont des blocs qui couvrent des microrégions que Philippe Hugon a identifiées comme étant des « grandes régions économiques de l'Afrique subsaharienne »[121], probablement en raison de la cohérence géographique des entités ainsi formées et du dynamisme des échanges. La caractéristique essentielle de ces microrégions est qu'elles sont constituées sur les critères de marché intérieur, ou autour des questions communes aux Etats voisins, qu'elles soient environnementales, sectorielles ou purement économique. La carte suivante identifie et délimite les neuf régions économiques africaines.

[121] Philippe Hugon, *L'économie de l'Afrique*, La Découverte, 7ème édition (2013), p.4.

2. Recoupement économique des régions africaines

Carte n°9 : Les 9 grandes régions économiques africaines

CEDEAO (Communauté des États d'Afrique de l'Ouest) :

1. Afrique soudano-sahélienne, Comité international de lutte contre la sécheresse du Sahel (CILSS), Communauté des États sahéliens-sahariens (CEN-SAD).
2. Afrique occidentale humide et subhumide.
3. Nigeria.

CEEAC (Communauté économique des États d'Afrique centrale) :

4. Afrique centrale, Commission économique et monétaire d'Afrique centrale (CEMAC).
5. Communauté économique des pays des Grands Lacs (CEPGL, remarque : l'Angola a intégré la CEEAC en 1999 et le Rwanda l'a quittée depuis).

SADC (Communauté de développement d'Afrique australe) :

6. Afrique australe subhumide et semi-aride.
7. Océan Indien, Commission de l'océan Indien (COI).
8. Afrique du Sud.
9. Marché commun d'Afrique orientale et australe, Afrique orientale, Communauté d'Afrique de l'Est (EAC)

Source : Hugon, P., *L'économie de l'Afrique,* 7ème édition 2013, *op.cit.,* p.4.

La carte présente les 9 entités micro-régionales de l'économie africaine, qui fait passer entre les entités géopolitiques déjà exposées des ensembles économiques correspondant à des territoires de grands Etats (Afrique du Sud, Nigéria) ou sont dédiées à la convergence de plusieurs Etats sur les problèmes et les besoins dont la gestion nécessite la coopération étroite des pays voisins appartenant bien des fois à des grands ensembles régionaux différents. Aussi, les questions environnementales, agricoles et économiques sont parmi celles qui ont le plus conduit à la naissance des organismes de ce type. La géographie de ces entités montre que la plupart couvrent les deux premières grandes régions africaines, la SADC et la CEDEAO (respectivement 650 et 300 milliards de dollars américains de PIB). Nous présentons ici les plus importantes de ces entités recensées sur la carte.

a) En zone CEDEAO et environs :

- Le *Comité Permanent Inter-Etats de Lutte contre la Sécheresse dans le Sahel (CILSS),* créé le 12 septembre 1973 pour faire face aux grandes sécheresses qu'a connu l'Afrique de l'ouest au début des années 1970. De facture environnementale et agricole, le CILSS compte 13 Etats membres continentaux ou ayant un littoral atlantique. Il travaille à la quête et à une meilleure redistribution de l'eau dans cette zone, entre l'île de Cap vert, les pays côtiers (Bénin, Gambie, Guinée, Guinée-Bissau, Mauritanie, Sénégal, Côte d'Ivoire, Togo et les pays continentaux semi-arides (Burkina Faso, Niger, Mali et Tchad).
- Le 4 février 1998 à Tripoli (Libye), les chefs d'Etat libyen, malien, nigérien et soudanais ont créé avec le représentant du Burkina Faso une *Communauté des Etats Sahélo-Sahariens (CEN-SAD)* pour mettre en place un plan de développement solidaire qui serait complémentaire des programmes nationaux. Son ambition est de construire une zone de libre circulation des biens, des capitaux et des hommes autour du sahel et du Sahara. Cette organisation compte aujourd'hui 29 Etats membres, dont l'ensemble des pays de la CEDEAO[122].

---

[122] Bénin, Burkina Faso, Comores, Tchad, Mali, Côte d'Ivoire, Djibouti, Egypte, Guinée, Guinée Bissau, Ghana, Libéria, Kenya, Maroc, Mauritanie, Sénégal, Niger, Nigéria, Sierra Leone, Sao Tomé et Principe, Somalie, Togo, Tunisie, Soudan, Gambie, Erythrée, République centrafricaine, Libye et Cap Vert.

- Le *Nigéria* sépare la CEDEAO de la CEEAC. A lui seul, il constitue une région économique, pour plusieurs raisons. D'abord, étant le pays le plus peuplé du continent (185 millions d'habitants en 2016, soit un Africain sur six), il dispose aussi du marché intérieur le plus important d'Afrique. Ensuite, grâce à un PIB de 510 milliards de dollars américains en 2013 (soit plus des deux tiers des 674,34 milliards de PIB de la CEDEAO), le Nigeria est devenu le poumon économique de la sous-région et la première économie africaine. Cette position récompense une croissance soutenue, de l'ordre de 6,8% en moyenne entre 2005 et 2013. Le pays dépend de l'exploitation du pétrole (87% des recettes d'exportations et 75% des recettes budgétaires). Ce qui pose représente un risque économique, même si on doit noter le développement des secteurs des télécommunications et du cinéma (phénomène Nollywood).

b) En zone CEEAC :

- La *Communauté Economique et Monétaire d'Afrique Centrale (CEMAC)* regroupe les pays ayant en partage l'usage du Franc CFA : Cameroun, Congo (Brazzaville), Tchad, République centrafricaine, Gabon et Guinée Equatoriale. Comparativement au Nigéria. Avec un taux de croissance de 2,4 % en 2015 et un marché intérieur de seulement 44,5 millions d'habitants, la CEMAC représente une entité économique de loin inférieure au Nigéria.
- Créée le 20 septembre 1976 à l'initiative du président Mobutu S. Seko, la *Communauté économique des pays des Grands Lacs* est le second organisme international regroupant une partie des pays membres de la CEEAC. Cette organisation est dédiée à l'intégration économique et politique de l'ancien espace colonial sous domination belge : le Congo-RDC, le Rwanda, le Burundi. Ces trois pays vont suspendre toute activité sous régionale, avec l'éclatement du génocide au Rwanda et la crise au Congo-RDC. La reprise des activités se fait timide en 2008, et redevient effective depuis 2010.

c) En zone SADC :

En Afrique australe, plusieurs micro-organisations sous régionales ont essaimé dans l'espace de la SADC ou ont enrôlé certains des Etats membres. Deux structures de profil économique peuvent retenir l'attention : La *Commission de l'Océan Indien (COI)* et *l'Afrique du Sud.*

- o La COI est la seule entité régionale qui regroupe des entités insulaires (cinq) et ayant l'océan indien en partage : l'Union des Comores, Madagascar, Maurice, Seychelles et la Réunion. Les entités de la COI appartiennent à des aires géopolitiques différentes (SADC, ACP, UE). De plus, « Les pays membres de la COI présentent un profil économique et social hétérogène ce qui, loin de constituer un obstacle à l'intégration régionale, est vue comme ouvrant des opportunités, notamment pour la dynamisation des échanges commerciaux. »[123] .
- o L'Afrique du Sud est, comme le Nigéria, le cœur de sa zone économique régionale. Selon la Banque Mondiale, ce pays, récemment doublé par le Nigéria, est la deuxième économie africaine, avec un marché intérieur de 54 millions d'habitants pour un PIB de 350,1 milliards de dollars américains (chiffres de 2014)[124]. La part stratégique de ce pays dans le commerce continental est la plus importante : l'Afrique du Sud abrite le siège social de 75% des sociétés africaines les plus importantes.

d) En zone EAC :

Enfin, en Afrique de l'Est, il existe le COMESA (*Common Market for Eastern and Southern Africa*), qui est le marché commun d'Afrique de l'Est, qui vise une union douanière entre ses Etats membres. Créé en 1981, il a été renforcé par des accords signés en 1994 au lendemain de la fin de l'apartheid en Afrique du Sud. Le COMESA comprend une vingtaine de pays membres[125]. Son importance démographique (475 millions d'habitants) et son poids commercial (677 milliards de dollars

---

[123]Commission de l'Océan Indien, « Pays membres de la COI », disponible sur http://commissionoceanindien.org/membres/

[124]Banque Mondiale, « Données. Afrique du Sud », disponible sur http://donnees.banquemondiale.org/pays/afrique-du-sud

[125] Burundi, Comores, Congo-RDC, Djibouti, Egypte, Erythrée, Ethiopie, Kenya, Libye, Madagascar, Malawi, Rwanda, Seychelles, Maurice, Soudan, Soudan du Sud, Swaziland, Ouganda, Zambie et Zimbabwe.

américains de PIB réel total en 2014) en font, à terme, un géant interrégional.

En résumé, la multiplication des régions économiques n'a pas boosté les échanges intracontinentaux. Certes, ces dernières années, « Les exportations cumulées des pays africains, pris individuellement, vers le reste du continent ont augmenté en moyenne de 11,5% chaque année depuis 1990. Les exportations inter africaines se sont élevées à USD40 milliards, un chiffre qu'elles ont surpassé en 2011. A elles seules, l'Afrique australe et de l'ouest fournissent le tiers des exportations interafricaines et ce de manière constante depuis 1980. L'Afrique du Nord fournit un sixième des exportations interafricaines, également de manière constante. Par contre, l'Afrique de l'Est a vu sa part d'exportations baisser de 20% dans les années 80 à 14% récemment. Ce déclin de l'Afrique de l'est coïncide avec un accroissement des exportations interafricaines de l'Afrique centrale, qui sont passées de 3% dans les années 80 à 10% en 2010, le taux de croissance le plus rapide de toutes les sous-régions du continent. »[126]

Pour deux raisons, cet optimisme doit être tempéré. En premier lieu, ce dynamisme est inégal et ne profite pas à l'ensemble des pays, mais aux seules grandes puissances régionales : « L'Egypte en Afrique du nord, le Nigéria dans l'ouest, le Kenya dans l'est, l'Angola au centre et l'Afrique du Sud dans la sous-région méridionale. La part de l'Angola, de l'Egypte et du Nigéria dans les exportations interafricaines dans leurs sous-régions est respectivement d'au moins 38% alors qu'en Afrique australe, l'Afrique du Sud se taille la part du lion avec 80% de part d'exportations. Jusque-là, l'Afrique du Sud demeure le seul pays dont les exportations vers le reste du continent dépassent la barre des $10 milliards. »[127] La carte suivante permet de cerner la deuxième raison, qui est l'insignifiance des échanges cumulés entre pays africains :

---

[126] Association des Banques centrales africaines, « Gros potentiel de croissance pour le commerce interafricain », disponible sur http://www.aacb.org/fr/toute-l-actualite/gros-potentiel-de-croissance-pour-le-commerce-interafricain

[127] *Idem.*

Carte n°10 : état des échanges interrégionaux en Afrique

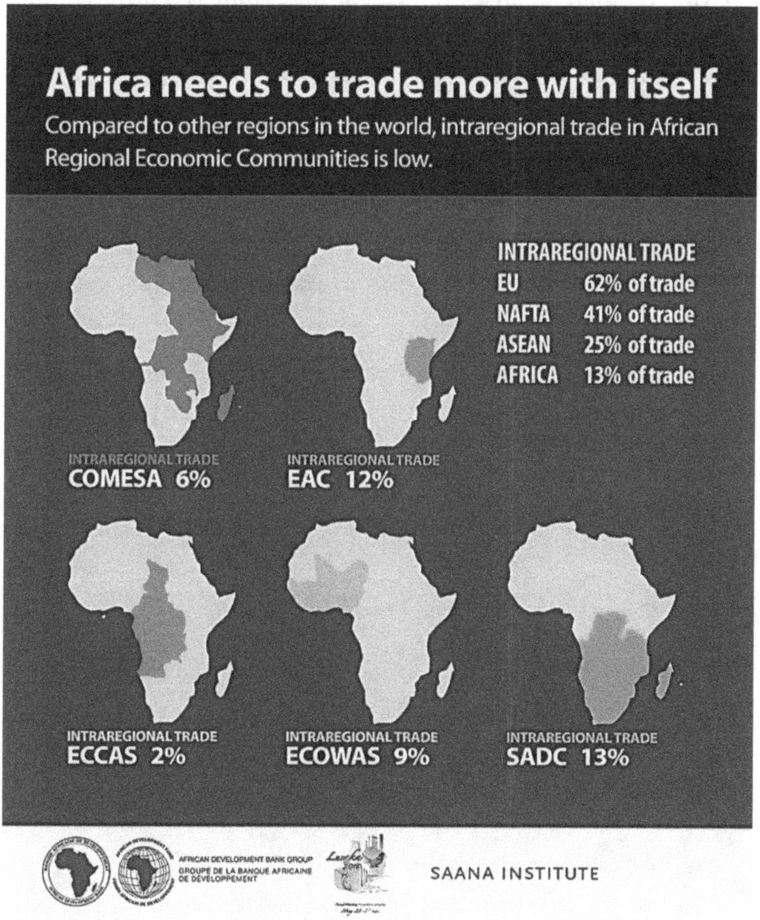

Selon cette carte, il n'y a que 13% d'échanges commerciaux en moyenne entre pays africains, là où l'Union Européenne réalise 62%, les pays de l'Amérique du Nord (NAFTA) 41% et de l'Asie du Sud-Est (ASEAN) 25%. A l'intérieur du continent, les échanges entre régions sont donc très faibles, représentant seulement de 2 à 13% des transactions commerciales. Bien plus, les sous régions, que l'on présente comme les plus dynamiques d'Afrique, affichent des chiffres de commerce transfrontalier très bas. Ainsi, l'agence danoise pour le développement international (Danida) a indiqué qu'en 2013, seulement 9,4% des flux de marchandises relevaient du commerce infrarégional en zone CEDEAO, et que 65% des échanges commerciaux dans cette sous-région étaient des exportations nigérianes, avec 31% d'huile de palme et des produits pétroliers[128]. Comment expliquer cette atonie des échanges interafricains, alors que « dans un contexte mondial marqué par la récession, l'accroissement des échanges économiques entre les nations africaines apparaît comme un moteur de croissance alternatif. » ?[129]

---

128 DANIDA, *Accelerating Trade in West Africa (ATWA)* Stage 1 Report, prepared by SAANA Consulting, Final report, November 2015, p.7.

129 Club Diallo Telli, "Le Commerce Interafricain et ses Piliers - Relais de Croissance Face à la Crise Economique Mondiale", http://www.clubdiallotelli.org/le-commerce-interafricain.

Chapitre 4 :
Un échec continental ?

« Pour les hommes de connaissance, la logique s'appuyait sur une autre vision du monde, où l'homme était relié d'une façon subtile et vivante à tout ce qui l'environnait. Pour eux, la configuration des choses à certains moments clés de l'existence revêtait une signification précise qu'ils savaient déchiffrer. Sois à l'écoute, disait-on dans la vieille Afrique, tout parle, tout est parole, tout cherche à nous communiquer une connaissance. »

Amadou Hampâté Bâ
Propos d'Amkoullel dans *L'enfant Peul.*

Si l'on s'en tient aux traités de création des différentes entités régionales que nous venons de présenter, on peut aisément affirmer que l'intégration régionale et la prospérité commune sont partout l'engagement et le désir officiels des dirigeants africains qui ont créé les structures supranationales ou pris le relais des pères fondateurs. L'idée de ce chapitre est de comprendre les déterminants endogènes d'un échec qu'on peut considérer, objectivement, comme continental. Dès lors que le manque de volonté politique et d'ambitions supranationales est souvent pointé du doigt pour expliquer cet échec, c'est sur les déterminants politiques de la sous-régionalisation africaine que l'analyse voudrait ici se concentrer. Aussi, la première section présentera le décalage entre les promesses institutionnelles et les retards constatés partout dans la réalisation des objectifs fixés, notamment économiques et politiques. La deuxième section s'intéresse aux déterminants endogènes de ce retard, en analysant deux idéologies émancipatrices qui s'affrontent dans l'Afrique postcoloniale, et qui s'avèrent être des pesanteurs sur le temps long de l'histoire politique contemporaine : le panafricanisme et le souverainisme. La troisième section montre que les souverainismes ont partout pris le dessus.

1. Promesses institutionnelles non tenues

Un décalage important existe entre les engagements juridiques consignés par les Etats africains dans les textes fondateurs des entités régionales et l'imperceptible dynamique d'intégration réelle. Pour le confirmer, il suffit de citer les articles consacrés aux objectifs dans les textes juridiques de chacune des grandes institutions régionales pour les confronter ensuite au bilan économique et politique de ces organisations régionales.

Pour l'Afrique de l'Ouest, le Traité révisé de la CEDEAO précise que cette entité « sera à terme la seule Communauté Economique de la Région aux fins de l'intégration économique et de la réalisation des objectifs de la Communauté Economique Africaine »[130]. Pour y parvenir, l'objectif fixé est de « promouvoir la coopération et l'intégration dans la perspective d'une Union économique de l'Afrique de l'ouest en vue d'élever le niveau de vie de ses peuples, de maintenir et d'accroître la stabilité économique, de renforcer les relations entre les Etats Membres et de contribuer au progrès et au développement du continent africain. »[131]

En Afrique centrale, le Traité fondateur de la CEEAC signé à Libreville (Gabon) le 18 octobre 1983 se fixe pour objectif l'approfondissement de la coopération inter-Etats[132]. Cet

---

[130] CEDEAO, « Traité révisé, publié par le Secrétariat Exécutif de la CEDEAO-Abuja-Nigéria », chap.2, article 2.

[131] *Ibid.*, article 3, § 1.

[132] « Le but de la Communauté est de promouvoir et de renforcer une coopération harmonieuse et un développement équilibré et auto-entretenu dans tous les domaines de l'activité économique et sociale, en particulier dans les domaines de l'industrie, des transports et communications, de l'énergie, de l'agriculture, des ressources naturelles, du commerce, des douanes, des questions monétaires et financières, des ressources humaines, du tourisme, de l'enseignement, du perfectionnement, de la culture, de la science et de la technologie et du mouvement des personnes, en vue de réaliser l'autonomie collective, d'élever le niveau, de vie des populations, d'accroître et-de maintenir la stabilité économique, de renforcer les étroites relations pacifiques entre ses Etats membres et de contribuer au progrès et au développement du continent africain. » (CEEAC, « Traité instituant la Communauté Economique

objectif est décliné en plusieurs axes : « a) l'élimination, entre les Etats membres, des droits de douane et toutes autres taxes d'effet équivalent à l'importation et à l'exportation des marchandises ; b) l'abolition, entre les Etats membres, des restrictions quantitatives et autres entraves au commerce ; c) l'établissement et le maintien d'un tarif douanier extérieur commun ; d) l'établissement d'une politique commerciale à l'égard des Etats tiers ; e) la suppression progressive, entre les Etats membres, des obstacles à la libre circulation des personnes, des biens, des services, des capitaux et au droit d'établissement ; f) l'harmonisation des politiques nationales en vue de la promotion des activités communautaires, notamment dans les domaines de l'industrie, des transports et communications, de l'énergie, de l'agriculture, des ressources naturelles, du commerce, de la monnaie et des finances, des ressources humaines, du tourisme, de l'enseignement et de la culture, de la science et de la technique ; g) la création d'un Fonds de coopération et de développement ; h) le développement rapide des Etats membres sans littoral, insulaires, partiellement insulaires, semi-enclavés, et/ou appartenant à la catégorie des pays les moins avancés ; i) toutes autres activités visant à atteindre les objectifs communautaires que les Etats membres pourront entreprendre en commun. »[133]

Ces mêmes engagements sont consignés dans le Traité fondateur de la SADC adopté en 1992 et entré en vigueur en 1993[134]. L'intégration régionale est particulièrement soulignée au second paragraphe de l'article 5[135].

---

des Etats de l'Afrique Centrale », Libreville 18 octobre 1983, chap.2, article 4, §1).

133 *Ibid.*, §2.

134Dans la version révisée (2001), les objectifs du Traité sont précisés ainsi qu'il suit (article 5) : "Objective 1: The objectives of SADC shall be to: a)promote sustainable and equitable economic growth and socio-economic development that will ensure poverty alleviation with the ultimate objective of its eradication, enhance the standard and quality of life of the people of Southern Africa and support the socially disadvantaged through regional integration; b)promote common political values, systems and other shared values which are transmitted through institutions which are democratic, legitimate, and effective; c) consolidate, defend and maintain democracy, peace, security and stability; d)promote self-sustaining development on the

Enfin, en Afrique de l'Est, le Traité fondateur de l'EAC prévoit les mêmes ambitions d'harmonisation sociale et fiscale, de relèvement des standards dans plusieurs secteurs dans le but de produire collectivement le progrès. Ce Traité insiste particulièrement sur l'intégration économique. Il prescrit que « Les Parties contractantes créeront une Union douanière d'Afrique de l'Est et un Marché commun en tant que phases transitoires vers et parties intégrées de la Communauté » ("the Contracting Parties shall establish an East African Customs Union and a Common Market as transitional stages to and integral parts of the Community.")[136]

Au bilan, l'ensemble des promesses institutionnelles des organisations régionales africaines n'ont pas encore été respectées. Certes, ces grands blocs régionaux montrent la

---

basis of collective self-reliance, and the interdependence of member states; e)achieve complementarity between national and regional strategies and programs; f)promote and maximize productive employment and utilization of resources of the region; g)achieve sustainable utilizations of natural resources and effective protection of the environment; h)strengthen and consolidate the long-standing historical, social and cultural affinities and links among the peoples of the region; i) combat HIV/AIDS and other deadly or communicable diseases; j) ensure that poverty eradication is addressed in all SADC activities and programs; k)mainstream gender in the process of community building."

[135] "« 2. In order to achieve the objectives set out in paragraph 1 of this article, SADC shall: a) harmonize political and socio-economic policies and plans of member states; b)encourage the peoples of the region and their institutions to take initiatives to develop economic, social and cultural ties across the region, and to participate fully in the implementation of the programs and projects of SADC; c)create appropriate institutions and mechanisms for the mobilization of requisite resources for the implementation of programs and operations of SADC and its institutions; d)develop policies aimed at the progressive elimination of obstacles to the free movement of capital and labor, goods and services, and of the peoples of the region generally, among member states; e)promote the development of human resources; f)promote the development, transfer and mastery of technology; g)improve economic management and performance through regional co-operation; h)promote the coordination and harmonization of the international relations of member states; i) secure international understanding, co-operation and support, and mobilize the inflow of public and private resources into the region; j) develop such other activities as member states may decide in furtherance of the objectives of this Treaty." (article 5, §2).

[136] East African Community, "EAC Treaty-1999", Chapter 2, article 2, § 2.

direction et les intentions communautaires des dirigeants africains, et peuvent, selon des cas, revendiquer un bilan à leur actif. Il suffit de rappeler le principe de la libre circulation des personnes en zone CEDEAO, acté depuis 1978 et effectif depuis 1979. Cette disposition a plutôt bien résisté au temps, et permet aux citoyens des quinze Etats membres de se déplacer sans visa dans chacun des pays de la CEDEAO. La libre circulation en CEDEAO vient d'être citée comme argument au président Paul Kagamé (Rwanda) pour inviter l'Union Africaine à accélerer le processus d'établissement d'un passe-port africain[137]. On doit aussi noter l'instauration d'un chèque de voyage de la CEDEAO en 1999, qui permet de fluidifier les transactions financières à l'intérieur de la zone.

Confrontant le principe de la libre circulation des biens et des personnes édicté par la CEDEAO et la réalité des mobilités ouest-africaines à la suite d'autres travaux[138], Armelle Choplin et Jérôme Lombard[139] notent qu'il y a une « difficulté à mettre en place un espace efficient de concertation » sur ces sujets au sein de la sous-région ouest-africaine. Ces chercheurs ont circulé entre quelques Etats, parcourant plus de 2500 km de route pour se rendre compte « des aspérités de l'espace régional et des obstacles qui entravent les circulations »[140]. L'enquête constate qu'« alors que la liberté de circulation des personnes est officiellement reconnue, les voyageurs restent à la merci des

---

137"ECOWAS and the East African Community have already made freedom of movement a reality within those regions. Therefore, there is no technical obstacle to extending this practice more widely, as we have agreed to do with the African passport."(Paul Kagame, "Address by President Kagame at the Retreat of AU Heads of State and Govt", Addis Ababa, January 29, 2017, published on February 06, 2017, available on http://www.newtimes.co.rw/section/article/2017-02-06/207735/

138 Voir Adepoju A., 2009. « Les migrations en Afrique de l'Ouest dans le contexte du Protocole sur la libre circulation et de l'approche commune de la CEDEAO ». *In* Club du Sahel, *Les enjeux régionaux des migrations ouest-africaines*. Paris, OCDE, p. 17-50 ; Fall P.D., 2004. *État-nation et migrations en Afrique de l'Ouest : le défi de la mondialisation.* Paris, UNESCO.

139 Armelle Choplin et Jérôme Lombard, « « Suivre la route ». Mobilités et échanges entre Mali, Mauritanie et Sénégal », *EchoGéo* [En ligne], 14 | 2010, mis en ligne le 16 décembre 2010, consulté le 18 janvier 2017. URL : http://echogeo.revues.org/12127 ; DOI : 10.4000/echogeo.12127.

140 *Ibid.*, p.2.

politiques coercitives menées par chaque État. Ici comme ailleurs, les dynamiques transnationales de circulations, si elles sont prégnantes (…) se heurtent aux cadres étatiques rigides. »[141] La situation se durcit avec la présence de l'Union européenne, co-auteure de la police migratoire ouest-africaine.

En effet, « Voyager aux frontières permet de saisir une partie des enjeux sous-jacents aux accords internationaux en matière de migration. La fluidification de l'espace ouest-africain est liée aux choix de l'Union européenne. Sous couvert de lutte contre la migration clandestine, les trafics de drogue ou encore le terrorisme, l'UE influe sur la définition des politiques migratoires nationales et sur leur coordination à l'échelon communautaire ouest-africain. Cinquante ans après les indépendances, on peut alors s'interroger sur les motivations qui président à l'instauration d'un visa unique biométrique pour les ressortissants de la CEDEAO (…) Il est malaisé de savoir si le projet vise à fluidifier la circulation ou/et à intensifier les contrôles à l'intérieur, aux entrées et aux sorties de l'espace considéré. On peut s'interroger sur la nécessité (et la faisabilité ?) d'un tel projet dans une zone où les relations socio-spatiales et le dynamisme économique reposent justement sur cette intense mobilité. »[142].

Dans tous les cas de figure, la persistance des contrôles aux frontières intérieures de la CEDEAO ralentit le dynamisme des échanges, aggravant les effets de l'affiliation de certains pays membres à d'autres formes institutionnelles aux objectifs concurrents à ceux de la CEDEAO. On peut citer à ce sujet l'émergence, à côté de l'Union Economique et Monétaire de Ouest-africaine (UEMOA) d'une deuxième zone monétaire, qui regroupe plusieurs pays non francophones (Nigeria, Ghana, Liberia, Sierra Leone, Gambie et Cap Vert). L'un des effets immédiats de cette émergence a été de repousser l'aboutissement de la stratégie d'harmonisation de la zone monétaire unique de 2005 à 2020.

En Afrique centrale, le bilan de la CEEAC est plus que contrasté. Cette région dispose d'un énorme potentiel

[141] *Ibid.*, p.1.
[142] *Ibid.*, p.16.

(deuxième réserve forestière mondiale derrière l'Amazonie, 60% du potentiel hydro-électrique du continent africain). Mais « Avec un PIB de 253.5 milliards $ en 2013, l'économie globale de la CEEAC est essentiellement portée par les revenus pétroliers dont elle reste dépendante. La communauté dispose en effet de réserves prouvées estimées à 31.3 milliards de barils soit 28% des réserves continentales. Le potentiel minier de la communauté est également immense. De fait, la région est très sensible aux chocs exogènes compte-tenu de la structure de son économie. »[143]

Il s'ensuit que « la CEEAC demeure une région atone. C'est *l'espace économique régional le moins intégré du continent africain* (...) [qui] souffre d'un déficit infrastructurel et de la faible connexion entre les réseaux de transports existant dans ses pays membres. Ce déficit de connexions intra-régionales entrave les échanges commerciaux entre les pays de la région. La CEEAC est ainsi la région africaine où le commerce intra-régional est le plus faible. »[144] Mais la plus grande faiblesse de la CEEAC se trouve au niveau d'un déficit criant en matière d'intégration économique. En effet, « Au plan économique, la communauté régionale ne dispose pas de mécanismes de convergence des politiques macro-économiques des Etats-membres dont les *benchmarks* divergent (...) L'existence de multiples barrières tarifaires et non tarifaires au sein de la région constitue également l'un des principaux freins au développement des échanges intra-régionaux entre des pays qui auraient tout intérêt à renforcer leur coopération économique. »[145]

---

[143] Mays Mouissi, « CEEAC : L'intégration économique et régionale toujours attendue », disponible sur http://www.mays-mouissi.com/2015/03/29/ceeac-lintegration-economique-et-regionale-toujours-attendue/

[144] *Idem*. Notons qu'en raison du partage de la même monnaie (le Franc CFA), ces critères de convergence existent pour les pays membres de la CEEAC qui se retrouvent au sein de la Communauté économique et monétaire d'Afrique centrale (CEMAC) : Cameroun, Tchad, Guinée Equatoriale, Gabon, Congo (Brazzaville) et République centrafricaine. Nous revenons sur ce point au chapitre suivant.

[145] *Idem*.

Le bilan de la SADC est tout aussi contrasté. Même si l'instauration de la zone de libre-échange est effective depuis 2000, elle n'est pas contraignante et ne concerne que douze des quinze Etats membres : l'Angola, le Congo-RDC et les Seychelles ne se sont toujours pas intégrés à cette zone. Au stade actuel de son développement, la question se pose de savoir si la SADC est un géant économique régional ou un nain. Pour y répondre, Jacques Leroueil[146] affirme que si on ne considère que la part relative de la SADC à l'échelle du continent africain (démographie, réserves du sous-sol, PIB, etc.), il s'agit d'un géant. Mais en même temps, « les chiffres ne disent pas tout. Les deux tiers de la richesse produite par la zone le sont en fait par le *vrai géant*, l'Afrique du Sud. Certains états membres de la SADC pourraient même être considérés comme des satellites relevant de l'aire d'influence de la nation arc-en-ciel (Lesotho et Swaziland notamment). Et à la différence d'autres organisations régionales africaines plus homogènes, les disparités socio-économiques entre nations sont parfois abyssales. Un Seychellois dispose ainsi d'un revenu en moyenne 50 fois supérieur à celui d'un Congolais. Une convergence économique à brève échéance est dès lors illusoire. Enfin, on notera qu'il existe une juxtaposition d'autres ensembles sous régionaux qui chevauchent, au gré de leurs pays membres, l'aire occupée par la SADC. Il en est ainsi de la SACU (*Southern Africa Customs Union*), la COMESA (*Common Market for Eastern and Southern Africa*) et l'EAC (*East African Community*). Une situation parfois équivoque, et potentiellement génératrice d'intérêts conflictuels. »[147]

Pour Matthieu Mérino, l'EAC est la seule grande région africaine qui ne saurait subir la loi de la « disjonction entre les objectifs fixés à l'organisation et les réalisations effectives »[148]. Pour fixer la position de ce politologue, ces objectifs d'intégration fixés par le Traité fondateur de novembre 2000 pour être réalisés de manière conjointe et rapide doivent être

---

[146] Jacques Leroueil, « La SADC : géant ou nain africain ? », disponible sur http://terangaweb.com/la-sadc-geant-ou-nain/

[147] *Idem.*

[148] Mérino, Mathieu. "L'intégration régionale «par le bas», force de l'East African Community (EAC)." *Géoéconomie* 3 (2011): 133-147.

rappelés : intégration douanière (2005), commerciale (2010), sécuritaire et politico-institutionnelle (dès 2012). Au regard de ces objectifs, et comme partout ailleurs en Afrique, l'EAC est née de la volonté de conditionner toute forme d'intégration à la réussite de l'intégration économique, qui semble finalement le dénominateur commun aux politiques régionales africaines et globales. Sur l'ensemble de ces points, Mérino concède un échec de l'EAC : « Dans les faits, le bilan politique, diplomatique et sécuritaire de l'EAC pourrait apparaître limité. La prégnance des conflits dans la zone ainsi que les récentes violences au Kenya, la locomotive économique régionale, ternissent le bilan de l'EAC. D'ailleurs dans ces domaines, l'EAC semble frontalement concurrencée par une autre organisation régionale, l'Autorité intergouvernementale sur le développement (Intergovernmental Authority on Development, IGAD), animée par le Kenya et l'Ouganda et spécialisée dans la prévention et la résolution des conflits par la mise en œuvre de coopérations sectorielles régionales. Ainsi, l'EAC n'a jamais produit de déclaration commune sur les conflits en Somalie et au Soudan, pourtant fondamentaux pour le devenir de la zone. »[149]

Plusieurs points d'échec peuvent s'y ajouter, comme le manque de volonté politique sur la crise alimentaire dans la région, où 35% de la population est sous-alimentée et en situation de « faim aiguë » contre 15% pour la CEDEAO par exemple. Sur ce problème crucial qui résulte pour une large part de la résurgence des conflits dans cette sous-région où 20 millions de personnes sont directement alimentées par l'aide internationale, l'EAC s'est contentée d'une simple exhortation à consacrer 10% du budget national de chaque Etat membre à la question agricole (sommet d'Arusha, décembre 2009). La création de l'union douanière (2005) et commerciale (2010) souffre encore des clauses de sauvegarde exigées par la Tanzanie à l'égard du leader régional (le Kenya) : des intérêts nationaux continuent d'être préservés au détriment des intérêts communs et régionaux. L'attractivité de la SADC et de la COMESA a un coût pour l'EAC, certains Etats membres

[149] *Ibid.*, p.134.

considérant ces deux pôles concurrents comme beaucoup plus bénéfiques pour leurs intérêts nationaux.

En dépit de ces contraintes et limites et comparativement aux autres organisations régionales de mêmes objectifs (CEDEAO, SADC et CEEAC), l'EAC présente un atout conjoncturel et méthodologique majeur. Pour Mathieu Mérino, il faut « dépasser ce cadre d'analyse classique, où le succès d'une organisation est jaugée à l'aune d'objectifs institutionnels, pour analyser de manière plus contextualisée le processus d'intégration et par-là même sa capacité à agir sur les territoires et sur les hommes »[150]. Il faut « sortir d'une pensée strictement gestionnaire dont le centre serait constitué par la catégorie des objectifs, au profit d'une analyse où la situation définit avant tout la rationalité des stratégies d'acteurs »[151]. De ce point de vue, l'EAC offre le cas unique d'une régionalisation réussie sur deux points qui ne se perçoivent pas tout à fait du dehors : d'abord, l'« intégration des territoires et des populations, qui a une influence significative sur le développement et donc sur la stabilité de la zone. »[152] A ce propos, la communauté d'appartenance des pays membres de l'EAC au bassin du Nil et le partage des rives du lac Victoria, des langues d'origine bantoue et plus particulièrement le swahili sont des éléments culturels qui rapprochent « naturellement » les populations de ces pays et favorisent les échanges de voisinage. Il faut y ajouter la densité des réseaux routiers entre les pays membres de l'EAC, ainsi que « la complémentarité des économies (économies de matières premières et agricoles pour l'Ouganda et la Tanzanie, secteurs du commerce agroalimentaire, industriels et tertiaires pour le Kenya » (qui) plaident en faveur de l'association interétatique. »[153]

Ensuite, l'Afrique de l'Est a eu à subir de nombreux conflits. En effet, 80% de la population de cette zone géographique a été touchée par des conflits depuis 1963, qui se sont par endroits intensifiés depuis les années 2000 (Erythrée, Kenya, Ouganda,

---

[150] *Ibid.*, p.135.

[151] *Idem.*

[152] *Idem.*

[153] *Idem.*

Somalie, Soudan, Ethiopie) au nom des causes hétérogènes (identité culturelle, territoire, inégalités sociales, etc.), plaçant l'insécurité (physique, alimentaire, etc.), la violence et la gestion des réfugiés au cœur des problématiques régionales. Dès lors, « Les États de la communauté s'insèrent donc dans un contexte géopolitique tendu, peu favorable à l'abandon des pans de leur souveraineté et donc à l'intégration régionale. Par ailleurs, la communauté d'intérêts, qui semble naturellement unir les cinq pays membres de l'EAC, demeure très polarisée, illustrant alors l'hétérogénéité des espaces à intégrer. »[154]. Cette hétérogénéité explique, par ricochet, la multi-appartenance des Etats membres à des entités régionales différentes pour limiter les effets de la suprématie du Kenya. Face à ce contexte plutôt défavorable, la particularité de l'EAC est d'avoir fait le choix, volontariste, d'intégrer des espaces et des populations dont l'unité peut être historiquement établie, même si celle-ci est aujourd'hui en crise : « La force de l'intégration régionale en Afrique de l'Est réside dans sa dimension spatiale. Le renforcement de l'intégration des espaces, réalité historique, est un axe fondamental de la construction et de l'approfondissement de l'EAC. »[155]

Au bout du compte, l'approche par le bas de la régionalisation est-africaine permet de voir qu'en dépit des problèmes conjoncturels ou finalement grâce à eux, l'intégration est-africaine s'est faite en raison de la longue durée de l'articulation entre espaces et populations, que la colonisation n'a pas perturbé.

Mathieu Mérino explique cette articulation en ces termes : « L'intégration des espaces dans cette zone de l'Afrique est historiquement forte, compte tenu de l'histoire riche des Swahilis mais également d'une politique coloniale qui a misé sur un développement des infrastructures entre l'océan Indien et le lac Victoria (à travers le chemin de fer notamment). Dans le cadre postcolonial, l'intégration des espaces a été crescendo, structurée autour du renforcement des accès au lac Victoria. À cet égard, l'orientation du Kenya, dès les années 1970, vers une

[154] *Ibid.*, p.139.
[155] *Ibid.*, p.142.

économie de marché a favorisé le développement des échanges au sein de la zone, et par là même encouragé le renforcement des infrastructures de liaison entre le port de Mombasa et le cœur de la zone. L'Afrique de l'Est est ainsi bien dotée en infrastructures routières, comparativement à d'autres régions du continent subsaharien. »[156].

La naissance et le développement de l'EAC tiennent compte de ce contexte géopolitique spécifique, qui constitue finalement l'ADN de la région : le projet politique de cette organisation régionale a reposé sur un plus petit dénominateur commun, à savoir la consolidation d'un existant (les « corridors » entre deux points d'eau que sont le lac Victoria et l'océan indien) par la mise en place des politiques publiques coordonnées dans les secteurs des transports. Aucune autre région africaine ne peut prétendre avoir reposé sa mise en place et son développement sur un tel acquis : nous reviendrons sur cette approche stratégique et cette situation est-africaine au moment de réfléchir les mécanismes de sortie de cette régionalisation atone qui sévit actuellement en Afrique (voir 3ème partie, *infra*).

2. Approches émancipatrices et régionalisation

L'explication de l'échec de l'intégration régionale africaine a très souvent consisté à constater la faiblesse des échanges entre pays voisins et l'absence de volonté politique entre Etats membres et institutions dédiées. Si ce point de vue est parfaitement défendable, on pourrait aussi s'intéresser aux problèmes de la régionalisation africaine en focalisant sur les origines et les effets des pratiques endogènes. Nous nous efforcerons ici de comprendre cet échec à partir de la prise en compte des variables tirées de la culture politique locale. Les ressources idéologiques seront ici présentées dans leur capacité à conduire à l'échec du développement régional. Ce que nous entendons par « ressources idéologiques », c'est l'ensemble des postures et des perceptions *a priori*, parfois narcissiques, qui ont rythmé l'approche des questions régionales par les leaders

[156] *Idem.*

africains ou les bailleurs de fonds depuis le début de l'ère postcoloniale. Relevant des incantations et des performances rhétoriciennes plutôt que de l'expérience des échanges ou des dynamismes spatiaux et linguistiques comme on vient de le voir dans la régionalisation est-africaine, les ressources idéologiques se sont partout privées d'éléments d'histoire et d'objectifs opérationnels à la portée de l'action concrète et stratégique. Dans l'Afrique postcoloniale, ces idéologies ont affecté et empoisonné la vision de la régionalisation comme projet politique. Portée par les élites et/ou les experts, elles sont même devenues populaires en se structurant autour de plusieurs piliers : en interne, le développement de deux paradigmes contradictoires (souverainisme et panafricanisme) et la mythologie de « l'Etat développeur », et en externe, l'irruption du libéralisme intégral, qui est historiquement et chronologiquement une idéologie de remplacement.

A peu d'exception près, les Etats africains contemporains ont émergé du long processus de colonisation/décolonisation, qui heurtait d'anciens espaces d'échanges en vue de la pénétration du capitalisme d'exploitation, et imposait de nouveaux régimes et lieux d'identification ou de contrôle des populations. L'indépendance signifiait avant tout l'irruption de nouveaux acteurs issus des sociétés traditionnelles, accrochés à la souveraineté nationale et au prestige individuel qui étaient des gages de leur propre émancipation ou de leur propre grandeur, et accessoirement de celles de leurs populations. L'imagination politique de la régionalisation se construit dans ce contexte des années 1960-1970, où souverainisme et panafricanisme étaient les idéologies qui saturaient les discours des leaders de l'Afrique émancipée.

2.1. Le Souverainisme

Nous entendons ici par souverainisme la transformation du commandement d'un Etat en activité autarcique. Plus précisément, le souverainisme désigne le moment d'exacerbation de la souveraineté, où un chef d'Etat se découvre porteur d'une « vision » pour son pays, et qui l'amènerait à se soustraire de toute solidarité avec les voisins pour conduire en autarcie les différents projets de développement structurel de l'économie nationale. Maladie de la plupart des jeunes Etats africains indépendants, le souverainisme a pris corps dans deux évènements historiques : les rivalités entre les figures de « père de la nation » et la conjoncture interne et le poids du retour des autoritarismes en Afrique postcoloniale au moment de construire la coopération inter-Etats. Dans la première séquence, la décomposition des espaces économiques et politiques régionaux créés et administrés par l'Etat colonial allait donner lieu à la naissance des Etats africains placés sous le nombril du président. Dans l'esprit de l'élite africaine, cette fonction présidentielle consistait précisément à prendre la place du colon blanc et à commander tous les autres nègres. Cela se marqua, dans les colonies françaises administrées directement depuis la métropole, par l'émergence des souverainismes de deux types : 1) le souverainisme d'affrontement et 2) le souverainisme de repli. C'est la force de ces souverainismes qui allait neutraliser tout projet régional sincère et décomplexé.

On peut aisément illustrer le souverainisme d'affrontement. En effet, l'origine de la confrontation des élites nationales sur tout projet régional en Afrique de l'ouest et en Afrique centrale se trouve dans la fin de la colonisation dans les années 1950. En zone francophone, ce moment a fait de l'Afrique Occidentale Française (AOF) et de l'Afrique Equatoriale Française (AEF) de grands pourvoyeurs d'Etats. Ceux-ci étaient dirigés par des présidents qui voulaient justement prendre la place du colon plutôt que d'accompagner l'émancipation des populations. Chez certains présidents à la tête d'anciennes colonies d'où ces ensembles régionaux étaient pilotés, le souverainisme a consisté à penser qu'il revenait « naturellement » aux Etats administrant ces villes centrales de développer un leadership régional. Si cette ambition n'a pas pu se construire pour le Congo autour du statut de Brazzaville, capitale de l'AEF depuis 1910 et de la France libre en 1939-1940, cela s'est traduit, en Afrique de l'ouest, par la montée au créneau de Léopold S. Senghor qui comptait continuer le projet d'administration de l'Afrique de l'Ouest à partir de Dakar : la grandeur de la région ouest-africaine allait se confondre avec celle de sa ville-capitale. Avec le Rassemblement Démocratique Africain, Félix Houphouët-Boigny prenait la tête d'un souverainisme d'affirmation nationale.

Pendant ce temps, le souverainisme de repli fleurissait dans d'autres Etats, en raison de la mauvaise géopolitique interne, certains Etats nouvellement indépendants étant en effet condamnés à gérer des conflits avec les rébellions qui fleurissaient et à trouver une arithmétique tribale adéquate pour partager le pouvoir. En Afrique centrale, le Cameroun est l'archétype de ce souverainisme de repli : seule colonie française où des armes ont été prises ouvertement contre la métropole, l'indépendance de ce pays a été prononcée par Ahmadou Ahidjo le 1er janvier 1960, au moment où la rébellion de l'Union des Populations du Cameroun (UPC) brûlait des édifices et enlevait des représentants de l'Etat dans l'arrière-pays[157]. Ahidjo[158] aura dépensé les quinze premières années d'indépendance (1960-1975) à pacifier le pays et n'avait en réalité d'autre souci que celui de la sécurisation et de la territorialisation de l'Etat : l'intégration sous régionale pouvait attendre. On peut en dire autant des pays africains en proie aux coups d'Etats permanents ou passés sous le contrôle de dirigeants illuminés aux méthodes baroques : la confusion entre l'Etat et son chef a conduit partout à des situations de repli ou à des tensions entre voisins qui se soupçonnaient mutuellement de servir de base à des rébellions prédisposées à renverser des régimes en place. Cela était vrai dans certains cas, et faux dans d'autres : mais dans tous les cas, cela cloisonnait et refroidissait singulièrement les rapports entre chefs d'Etats, rendant impossible la mise sur pied sincère d'un processus régional sérieux.

---

[157] Sur cette rébellion nationaliste, lire Joseph, Richard A. *Radical Nationalism in Cameroun: social origins of the UPC rebellion.* Oxford: Clarendon Press, 1977. Mbembé, J. Achille. "La palabre de l'indépendance: les ordres du discours nationaliste au Cameroun (1948-1958)." *Revue française de science politique* (1985): 459-487.

[158] Sur la figure d'Ahidjo et l'émergence de l'Etat au Cameroun, lire Bayart, Jean-François. *L'Etat au Cameroun.* Presses de la Fondation nationale des sciences politiques, 1979. Sindjoun, Luc. *L'État ailleurs: entre noyau dur et case vide.* Economica, 2002.

2.2. Le Panafricanisme

Au regard de ces tensions internes et de voisinage, le panafricanisme apparaît comme une idéologie fumeuse qui n'engage que ceux qui y croient : la priorité de la plupart des chefs d'Etats était d'exister et de durer à la tête de leurs pays plutôt que de rêver d'unité africaine. Les historiens ont d'ailleurs démontré que l'idéologie du panafricanisme n'est pas de création postcoloniale. Le panafricanisme plonge ses racines dans l'émancipation des diasporas africaines qui, du fait de l'esclavage, ont fleuri partout dans le monde dès le XVIIIème (Etats-Unis d'Amérique, Canada, Grande-Bretagne, France, Brésil, Haïti, Caraïbes, etc.) : « La naissance du Panafricanisme se matérialise dans les voyages des vaisseaux négriers, l'abolition de la traite par les croiseurs de la Royal Navy et le retour en Afrique des captifs libérés venant du Nigéria, du Brésil ou de Cuba. Il faut compter également avec la volonté de certains chefs d'Etats de se débarrasser des Nègres esclaves en les déportant aux Caraïbes et en Afrique »[159]. Ce sont les élites caribéennes de ces diasporas qui rêvent d'émancipation et de retour pour certaines, qui ont organisé la première grande conférence panafricaine au Westminster Town Hall à Londres du 23 au 25 juillet 1900, au moment où se déroulait l'exposition coloniale dans la capitale britannique. Cette conférence popularise pour la première fois le mot « panafricanisme », qui deviendra le slogan de la solidarité entre les noirs du monde entier et des luttes contre l'accaparement des terres indigènes par les colons Européens, menées notamment par l'avocat négro-britannique Henry Sylvester Williams (1889-1911) ou pour le retour des diasporas en Afrique.

Tout cela montre que l'idéologie panafricaniste des années d'indépendance n'est qu'un moment tardif de ce mouvement qui accompagne la fin de l'esclavage. Plus clairement, les indépendances ont donné l'occasion d'un recyclage du panafricanisme. Amorcé par les élites des anciennes colonies

[159] Lara, Oruno Denis. *La naissance du panafricanisme: les racines caraïbes, américaines et africaines du mouvement au XIXe siècle*. l'Harmattan, 2015.

britanniques qui ont eu accès, au cours de leur formation en métropole, aux écrits et milieux activistes portés sur le sujet de l'unité des Afro-américains et des diasporas noires, ce recyclage concerne d'abord les élites de formation anglophone et de culture anglo-saxonne. C'est pourquoi les leaders du panafricanisme à l'indépendance étaient les leaders anglophones (Jomo Kenyatta, Julius Nyerere et Kwame Nkrumah notamment), qui suivaient des théoriciens précurseurs comme l'universitaire et diplomate libéro-américain Edward Blyden ou l'intellectuel et politicien haïtien Anténor Firmin. A la décolonisation, le panafricanisme a pris une place importante dans le discours et les projets politiques, conduisant à la naissance de l'Organisation de l'Unité Africaine (OUA) et à l'émergence des institutions panafricaines diverses. En 1953 et 1958, Kwame Nkrumah organisa à Kumasi et Accra (Ghana) les 6ème et 7ème Conférences panafricaines avec son ami, qu'on présente également comme le père du panafricanisme, le Caribéen George Padmore. Cette 7ème Conférence est également la première des Etats Indépendants d'Afrique, qui prône une indépendance immédiate et la formation d'une identité politique supranationale par la mise en place des « Etats-Unis d'Afrique ».

Dans la réalité, Kwame Nkrumah est une figure isolée du panafricanisme politique et ambitieux. Si plusieurs leaders ont relayé le slogan du panafricanisme aux indépendances africaines, Nkrumah était pratiquement le seul homme d'Etat et « père de la nation » à théoriser et à mettre en pratique l'idée d'une unité politique africaine concrète. Un début d'unité symbolique a même eu lieu le 1er mai 1959 avec la Guinée de Sékou Touré, qui vient de dire « non » à De Gaulle (1958), et à qui Nkrumah fait un prêt de 10 millions de livres Sterling pour éviter la banqueroute de ce pays désormais isolé. Cette union symbolique s'élargira au Mali le 24 décembre 1960. Pourtant, cette orientation a fait long feu : en 1963, l'idée de créer un gouvernement central africain que Nkrumah propose est rejetée lors de la rédaction de la Charte de l'OUA à laquelle il participe activement. En toile de fond de ce refus, le virage dictatorial et socialiste du leader ghanéen, que certains présidents africains jaloux de leur souveraineté ou de profil libéral soupçonnent, à tort ou à raison, de vouloir se servir du panafricanisme pour convertir le continent au communisme. La guerre froide prenait ainsi ses quartiers au milieu des jeunes Etats africains indépendants…

Le renversement de Nkrumah par un coup d'Etat militaire le 24 février 1966 sonne le glas d'un activisme panafricaniste depuis la tête d'un Etat. La disqualification du porteur de programme des Etats-Unis d'Afrique ne signifie pas cependant la disparition de cette idéologie dans les discours politiques. Désormais, le panafricanisme survit dans les esprits des chefs d'Etats africains comme un modèle politique lointain auquel ils ne croient guère. La dimension nationale et l'influence régionale de chacun des chefs d'Etats prennent le dessus dans une Afrique subsaharienne qui a gaspillé sa première décennie d'indépendance à des questions de formes et de procédures en matière de coopération inter-Etats. En clair, le souverainisme a quelque peu gagné la bataille idéologique, sans que le continent n'ait évolué sur aucun des enjeux stratégiques de son développement.

2.3. L'approche gestionnaire

Partout en Afrique, le panafricanisme a reculé devant la montée du souverainisme, qui signifiait que les Etats ont fait le choix d'évoluer en vase clos et de considérer les questions de coopération sous régionale et continentale comme secondaires. Dès le milieu des années 1960, plusieurs pays africains sont placés sous la volonté d'un chef qui prétend incarner la toute-puissance et l'omniscience. Ainsi naissait une idéologie de gestion fondée sur la science infuse du chef de l'Etat, démiurge et unique inventeur du progrès social. L'échec de cette approche a conduit au néolibéralisme, qui est une approche de remplacement.

En effet, l'Etat développeur a structuré l'activité des pouvoirs postcoloniaux africains. Une économie politique de cette option du commandement, qui verrouille la créativité individuelle et transforme l'Etat africain en entrepreneur improvisé, se trouve dans les travaux sociologiques et historiques sur la nature de l'Etat africain et de l'expression tropicale du principe de commandement. Dès le milieu des années 1960, les « pères de la nation » ou ceux qui les ont remplacés à la suite des coups d'Etat se sont vus en entrepreneurs et développeurs omniscients, voire en empereurs sans voisins.

Tirant profit de la distinction que Weber fait entre le modèle de domination traditionnelle propre aux sociétés sans Etat et le modèle légal-rationnel propre aux sociétés occidentales, Jean-François Médard a décrit un Etat africain de profil néo-patrimonial[160], marqué par une hybridation du traditionnel (tendance du chef à disposer et à partager les ressources collectives à sa guise) et du moderne (façade juridique portée par les institutions vides de pouvoir et parfois privées de contenu technique et éthique). L'évolution de ce modèle a produit de ce que Médard a nommé du concept de « dictature de développement »[161], soutenues par des régimes de parti unique qui empêchaient le débat d'idées autour de ce qui serait profitable aux communautés nationales. Il fallait se taire et laisser faire l'Etat entrepreneur omniscient. Pour sa part, et travaillant à partir de Michel Foucault[162], Jean-François Bayart a insisté sur le statut anthropologique du pouvoir africain : la « politique du ventre »[163], qui traduit cette volonté de « manger » les ressources dont dispose l'Etat et qui sont perçues comme infinies. Cela explique la diffusion des pratiques de prédation, de clientélisation et de corruption, qui sont devenues au fil du

[160]Voir Médard, Jean-François. "L'État néo-patrimonial en Afrique noire." *États d'Afrique noire. Formations, mécanismes et crise* (1991): 323-353 et Médard, J-F. "La crise de l'Etat néo-patrimonial et l'évolution de la corruption en Afrique sub-saharienne." *Mondes en développement* 26.102 (1998): 55-68.

[161] Médard, Jean-François, « Etat, démocratie et développement : l'expérience du Cameroun », in Sophia Mappa (dir.), *Développer par la démocratie ?* Paris, Forum de Delphes, Karthala, p.355-390.

[162] Voir Foucault, Michel. *Sécurité, territoire, population: cours au Collège de France, 1977-1978*. Gallimard, 2004 ; Michel, Foucault. "La gouvernementalité." *Dits et écrits* 3 (1994): 635-657. Foucault, Michel. *Surveiller et punir. Naissance de la prison*. Editions Gallimard, 2014.

[163] Bayart, Jean-François. *L'Etat en Afrique: la politique du ventre*. Fayard, [1989], 2006.

temps les ressources de base de gestion de l'Etat. Ces pratiques ont conduit à des appétits et à des frustrations qui sont à l'origine des conflits armés : de fait, l'Etat lui-même participe à la brutalisation des rapports du pouvoir à la société[164]. De fait, la volonté de jouissance et de profiter des ressources publiques est une variable explicative du penchant pour le perpétualisme observé chez certains chefs d'Etats prompts à modifier la Constitution et à museler des adversaires pour rester au pouvoir. Médard et Bayart insistent sur le caractère dynamique et transitoire de l'Etat africain encore en processus de maturation, et affirment donc en somme que tout cela peut évoluer et changer « dans le bon sens ». Mais pour Patrick Chabal et Pascal Daloz[165] qui s'inscrivent dans une perspective culturaliste, la sous-institutionnalisation et les pratiques baroques des pouvoirs constituent le *quant-à-soi* historique de certains Etats, qui vivent de la politisation des mœurs délictuelles, de la brimade et de l'instrumentalisation des situations de pénurie et de conflits. Si bien que l'absence d'Etat véritable est une hypothèse plausible pour ces deux africanistes.

En somme, les sociologues et les politologues africanistes décrivent un « Etat sous-développé »[166], un « Etat mou »[167], un pouvoir prébendier et falsificateur[168], ou encore un « gouvernement privé indirect »[169] qui sont incapables de développement endogène et à plus forte raison de stratégie

---

164 Bayart, Jean-François, Stephen Ellis, and Béatrice Hibou. *La criminalisation de l'Etat en Afrique*. Bruxelles: Editions Complexe, 1997.

165 Chabal, Patrick, and Jean-Pascal Daloz, *Africa Works: Disorder as political instrument,* African issues, 1999.

166 Médard, Jean-François. *L'état sous-développé en Afrique noire: clientélisme politique ou néo-patrimonialisme?*. Vol. 1. Centre d'étude d'Afrique noire, Institut d'études politiques de Bordeaux, Domaine Universitaire, 1982.

167 Médard, Jean François. "Etat, démocratie et développement: l'expérience camerounaise." *Développer par la démocratie? Injonctions occidentales et exigences planétaires* (1995): 355-390.

168 Bayart, Jean-François. "Le crime transnational et la formation de l'État." *Politique africaine* 93.1 (2004): 93-104. Hibou, Béatrice. "Le 'capital social' de l'Etat falsificateur, ou les ruses de l'intelligence économique." Jean-Francois Bayart, Stephen Ellis et Béatrice Hibou (dir. publ.) *La criminalisation de l'Etat en Afrique.* Editions Complexe(1997).

169 Mbembe, Achille. *Du gouvernement privé indirect.* Vol. 73. No. 1. Editions Karthala, 1999.

régionale. Tant de choses qui renforcent le pouvoir néo-patrimonial et personnel, mais rien de bien solide pour incarner l'ascèse politique, si nécessaire à tout processus de développement et de régionalisation concrète. La pratique du pouvoir n'a pas aidé à réduire la dépendance des pays africains à l'égard des marchés extérieurs. L'un des accélérateurs internes de la fin de certaines dictatures africaines (Mobutu au Zaïre, Ben Ali en Tunisie, Compaoré au Burkina Faso, etc.) est la série des révoltes sociales et/ou des guérillas déclenchées « à partir du moment où il est devenu clair que la dictature avait été incapable d'engendrer le développement qui avait servi à la faire accepter. Tant que la plupart des gens mangeaient ou avaient l'espoir de manger, ils s'accommodaient tant bien mal que bien de la dictature »[170].

Pour sa part, Béatrice Hibou, spécialiste d'économie politique africaine, a indiqué que l'entrée des Etats africains dans les réformes structurelles de la Banque Mondiale et du Fonds Monétaire International a donné lieu à un renouveau de l'impérialisme occidental : « A l'instar des colonisateurs qui avaient rapidement adopté une image simplifiée de l'Afrique et une approche normative de ses réalités complexes et apparemment incohérentes, les bailleurs de fonds construisent aujourd'hui et leur perception de l'Afrique, et leur philosophie d'intervention sur le sous-continent. Cette image, qui est philosophiquement la même depuis les années quatre-vingt, n'a évolué que dans sa forme. »[171]

En effet, à aucun moment, les institutions financières internationales n'ont tenu compte de la spécificité des pays africains, remplaçant le mythe d'un Etat omniscient et développeur par la croyance à la généralisation du progrès par l'entrée des Africains dans le tout marché. Béatrice Hibou remarque que cette l'approche néolibérale s'est imposée de manière graduée : jusqu'au milieu des années 1980, « seuls les aspects techniques de l'économie étaient pris en compte : les difficultés économiques en Afrique provenaient, d'une part, de la

[170] Médard, Jean-François, « Etat, démocratie..., *op.cit.*, p.356.

[171] Hibou, Béatrice. "Economie politique du discours de la Banque mondiale en Afrique sub-saharienne." *Etudes du CERI* 39 (1998): 1-46.

poursuite de mauvaises politiques économiques et, d'autre part, de l'insuffisance des mécanismes de marché. Depuis le milieu et surtout la fin des années quatre-vingt, du fait des lenteurs, des résistances, des retours en arrière et de l'inefficacité apparente des réformes, certains aspects institutionnels et politiques ont été intégrés à ce paradigme. Cependant, la philosophie et la méthode restent identiques : le politique est traité, lui aussi, comme une variable technique supplémentaire dont la convocation est destinée à raffermir le discours existant. »[172]

---

[172] *Idem.*

TROISIÈME PARTIE :
REPENSER LA RÉGIONALISATION AFRICAINE

« Le mode de pensée qui a généré un problème ne peut être celui qui va conduire à le résoudre. »
Albert Einstein

Les développements qui précèdent montrent clairement que l'Afrique contemporaine a un rapport plutôt mou et distrait avec la régionalisation économique. On peut même prétendre qu'en dépit de l'existence des entités tribales transnationales (Peuls, Touaregs, Fang, Haoussa, etc., forment des constellations qu'on retrouve en grand nombre dans plusieurs Etats à la fois) et de l'étroitesse des marchés intérieurs, la régionalisation ne fait pas partie de l'ADN politique de l'Afrique postcoloniale et moderne, au contraire. Les analyses de la deuxième partie ont montré comment le principe de souveraineté a progressivement ralenti les tentatives d'intégration régionale observées çà et là, et comment les engagements stratégiques pris dans les grands ensembles régionaux n'ont pas été tenus : union douanière, levée de l'obligation de visas, politique économique commune, etc., sont encore des sujets en voie de négociation dans la plupart des régions africaines. Le fait est que le principe de souveraineté -on pourrait dire le conservatisme du national-a partout bloqué l'inventivité africaine et neutralisé la nécessaire transformation de l'économie qu'apporte l'échelle régionale. Les pays africains n'ont pas su profiter de l'exploitation de leurs matières premières en vue d'une transformation, une diversification de leurs économies et une meilleure intégration dans les marchés régionaux et globaux, au contraire. L'Afrique s'est enfermée trop longtemps dans le segment des matières premières fossiles ou agricoles, de surcroît exportées le plus souvent sans transformation en produits semi-finis pour en augmenter la valeur au sein d'une économie de plus en plus mondialisée qui, on l'a vu, s'appuie de plus en plus sur des marchés régionaux. En Afrique, l'absence d'une échelle régionale dynamique et créative, qui prend par exemple des parts sur l'économie mondiale des services, est presque suicidaire : à tous points de vue, les échelles nationales ne sont plus pertinentes dans l'économie moderne.

Mais le conservatisme du national fait apparaître un paradoxe que cette étape de la réflexion se propose d'analyser. En effet, on observe, d'une part, que dans l'Afrique actuelle, la poussée vers la régionalisation se fait du dehors, sous la pression de différents acteurs (FMI, BM, UE), et au profit des marchés extérieurs : la « zone FCFA » est un modèle subtil de régionalisation importée, ou plutôt de régionalisation par défaut (chapitre 5), au contraire du NEPAD qui pose les jalons concrets d'une régionalisation éventuellement endogène, mais qui n'a pas encore concrétisé son potentiel (Chapitre 6). Les éléments analytiques tirés de l'expérience du NEPAD serviront de base à une réflexion plus large sur ce que pourrait être la régionalisation au sein de la programmation politique africaine (Chapitre 7).

Chapitre 5 :
Emprise régionale du Franc CFA

« L'Afrique, la sous-région, les pays africains francophones aussi, ce que j'appelle la coopération monétaire avec la France, il y a des clauses qui sont dépassées. Ces clauses-là, il faudra les revoir dans l'intérêt de l'Afrique et dans l'intérêt aussi de la France. Ces clauses tirent l'économie de l'Afrique vers le bas, ces clauses ne permettront pas de se développer avec cette monnaie-là (...) On n'a pas besoin de chercher de midi à 14 heures. Nous allons continuer à cœur l'amitié avec la France. Mais il faudra avoir le courage de dire que le moment est venu de couper un cordon qui empêche l'Afrique de décoller ».

(Idriss Deby, Président de la république du Tchad, conférence de presse du 11 août 2015, cité sur http://www.afrik.com/idriss-deby-appelle-les-pays-africains-a-se-debarrasser-du-franc-cfa)

Le Franc CFA peut se définir du point de vue historique et géographique. Au niveau historique, il s'agit du Franc des Colonies Françaises d'Afrique (CFA), officiellement mis en place le 26 décembre 1945. Le contexte de la naissance du Franc CFA est donc celui de la fin de la seconde guerre mondiale : en ce jour de décembre 1945, la France ratifie les accords de Bretton Woods et procède à la première déclaration de parité entre le Franc CFA et le Franc Français. Ce pays, dont l'économie et les infrastructures ont été détruites par la guerre, s'organise pour se relever, avec deux décisions importantes : la dévaluation de sa monnaie de 140%, nécessaire dans la perspective de la signature des accords de prêt de relance avec les institutions de Bretton Woods et l'arrivée du plan Marshall (1947), et l'émission du Franc CFA par la caisse centrale de la France d'Outre-mer. Le but initial de cette émission était autant de relancer que de contrôler l'économie des colonies, notamment en stoppant la multiplication des devises non françaises dans l'espace colonial. La guerre de1939-1945 a en effet limité la part du Franc français dans l'économie des colonies françaises, notamment d'Afrique : le CFA est donc une devise inventée pour restaurer l'autorité de la monnaie métropolitaine dans les colonies françaises d'Afrique et les deux protectorats allemands (Cameroun oriental et Togo) placés, dès 1945, sous le contrôle de l'Hexagone par l'Organisation des Nations Unies (ONU).

Un vif débat a cours autour de la présence de cette monnaie en Afrique. La devise est considérée par beaucoup comme un vestige colonial et un frein au développement des économies africaines qui en sont les usagers. Si ce débat est nécessaire, on doit néanmoins indiquer qu'à force d'arguments tranchés autour des dimensions économiques et stratégiques du Franc CFA, on en oublie que, au-delà d'être une monnaie, la zone CFA dessine les contours d'un territoire, celui des anciennes colonies françaises que d'aucuns soupçonnent la France de toujours contrôler dans le cadre de la « Françafrique »[173].

Ce chapitre montre que ces anciennes colonies constituent un territoire qui est en soi le site et le modèle d'une régionalisation et d'une intégration par défaut des économies africaines. La déconstruction des stratégies de maillage territorial de ce qu'on appelle la « zone franc » en Afrique, qui manque si souvent aux discussions habituelles, sera proposée dans ce chapitre, pour éclairer la forte externalisation des économies africaines concernées et, ainsi observer à nouveaux frais le renouveau de ce vestige du contrôle (post) colonial des économies africaines qui fut à l'origine de l'émission du Franc CFA en 1945. Aussi, quels sont les tenants et les aboutissants de cette régionalisation par défaut ? Répondre à cette question, c'est cerner matériellement le territoire de cette monnaie. L'idée est de dire que les prises de décision et les initiatives internes à la zone CFA dépassent largement le cadre monétaire pour s'imposer comme des cadrages politiques et des paradigmes stratégiques contraignants qui irradient ou neutralisent toute autre capacité de négociation sans tabou et sans présupposés. Les rouages de cette régionalisation par défaut qui réduit la marge de manœuvre des Etats seront ici démontés. La thèse défendue par ce chapitre est qu'au lieu de n'être qu'une monnaie, le Franc CFA se place au centre des économies des

173 Voir, par exemple, Verschave, François-Xavier. *De la Françafrique à la Mafiafrique*. Tribord, 2004.

zones couvertes pour devenir un levier stratégique de leur destin et de leur avenir. Il s'agira de voir comment procède cette coopération monétaire entre la France et certains Etats africains (1). On montrera ensuite que cette monnaie pénètre des domaines de souveraineté comme la négociation des politiques sectorielles et macroéconomiques (2). Nous reviendrons enfin sur la conjoncture de l'apparition du Franc CFA, pour comprendre en quoi la persistance de cette monnaie engendre un débat chez les contemporains (3).

1. La zone CFA : contours d'une « région par défaut »

La géographie du franc CFA construit un espace d'autorité et engendre *de facto* une territorialité qui précède, irradie ou obstrue l'action économique des Etats inclus. En matière financière, le Franc CFA est la seule monnaie utilisée à titre exclusif par 14 pays d'Afrique subsaharienne, auxquels il faut ajouter les Comores. A ce titre, ces pays au nombre si important constituent le plus grand ensemble monétaire d'Afrique subsaharienne. Ils définissent une territorialité que nous nommons une « région par défaut », en raison de ses contours géographiques particuliers que ressort la carte suivante.

Carte n°11 : Pays de la zone Franc

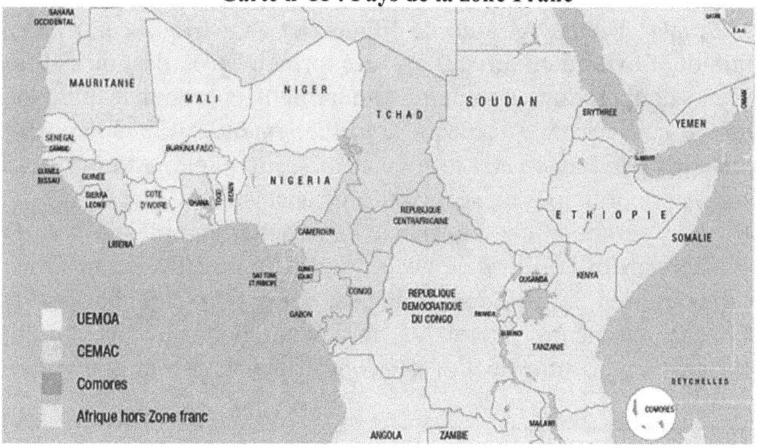

Source : http://www.tresor.economie.gouv.fr/3517_presentation-de-la-zone-franc

En Afrique de l'Ouest, cette monnaie désigne le Franc de la Communauté Financière Africaine au moment de la mise en place de l'Union Monétaire Ouest-Africaine (UMOA) en 1960, pour unifier l'espace monétaire en regroupant les anciennes colonies de l'Afrique Occidentale Française (AOF) : Sénégal, Bénin, Burkina Faso [Haute Volta], Niger, Côte d'Ivoire, Togo et Mali. En Afrique centrale, le CFA désigne le Franc de la Coopération Financière en Afrique Centrale, qui est partagé par les anciens territoires sous hégémonie française (Gabon, Congo-Brazzaville, Tchad, République centrafricaine, Cameroun) et la Guinée équatoriale issue de la colonisation espagnole.

Historiquement, ces zones ont été mises en place au même moment, en suivant les contours géographiques de l'espace colonial français. En 1959 est instituée la Banque centrale ouest-africaine (BCEAO) pour reprendre les missions de l'Institut d'émission de l'AOF et la Banque Centrale des États de l'Afrique Équatoriale et du Cameroun (BCEAE) qui deviendra la BEAC[174].

Quatorze pays d'Afrique subsaharienne (huit en Afrique de l'Ouest et six en Afrique centrale) et les Comores ont donc en partage le Franc CFA. En dépit de l'éloignement géographique de certains pays de la zone (cas de l'archipel des Comores), l'unité territoriale des pays des zones géopolitiques qui utilisent le Franc CFA en Afrique de l'Ouest et en Afrique centrale se fait de l'extérieur, au travers des principes et des modalités d'une coopération monétaire entièrement coordonnée par une tutelle hexagonale qui raccorde virtuellement et financièrement ces pays à la France et à la zone euro. Cette tutelle est construite sur quatre principes de sécurisation française du Franc CFA :

1) La garantie de confiance en cette monnaie, par la convertibilité illimitée accordée au Franc CFA et au Franc comorien par le Trésor français, et qui permet à chacune de ces monnaies d'être « librement inchangeable à tout moment contre de l'or ou contre une devise étrangère, ce

---

[174] Les informations de ce paragraphe sont tirées de l'article « Présentation de la zone franc », disponible sur https://www.banque-france.fr/eurosysteme-et-international/zone-franc/presentation-de-la-zone-franc.html

qui suppose que les autorités soient en capacité de satisfaire toute demande de conversion présentée. »[175] Concrètement, « en cas de choc sur la situation des comptes extérieurs de l'une des sous-régions de la Zone franc qui se traduirait, par exemple, par l'impossibilité pour les États de la sous-région d'assurer en devises le paiement de leurs importations, le Trésor français s'engage à apporter les sommes nécessaires en euros ».

2) La fixité des parités avec la monnaie ancre : « Dès l'adoption de l'euro, la monnaie européenne a remplacé le franc comme ancre monétaire des francs CFA et comorien, sans que les mécanismes de coopération monétaire de la zone en soient affectés »[176]. Ainsi, depuis 1999, cette monnaie est à parité fixe par rapport à l'euro (soit 1 € = 655 F CFA) : « Concrètement, cela signifie que la valeur de ces monnaies par rapport à l'euro ne change pas au jour le jour, à la différence des monnaies soumises à un régime de change flottant (par exemple, le cedi ghanéen). Ce régime de changes fixes n'est pas incompatible avec des changements de parité (dévaluation ou réévaluation) qui sont décidés par les chefs d'État africains de la zone. Ces changements de parité doivent néanmoins rester exceptionnels pour ne pas entamer la confiance dans la monnaie ».
3) La libre transférabilité qui concerne les transferts de capitaux et les transactions courantes, susceptibles de se dérouler sans contrainte aucune au sein des zones monétaires sous régionales et sur l'ensemble de la zone franc.
4) Enfin, le principe de centralisation à Paris d'une partie des réserves de change « est la contrepartie de la garantie de convertibilité illimitée accordée par le Trésor français qui doit pouvoir apprécier l'évolution des réserves de change et mesurer les risques éventuels que la garantie de convertibilité soit appelée (...) [cette centralisation] est

---

175 Source : http://www.tresor.economie.gouv.fr/8165_principes-et-modalites-de-fonctionnement-de-la-cooperation-monetaire. Sauf précision particulière, les citations de ce paragraphe sont issues de cette source.

176 « Présentation de la zone franc », *op.cit.*

passée de 65 % à 50 % pour la Banque centrale de l'Afrique de l'Ouest en 2005 et la Banque des États de l'Afrique centrale en 2007. Elle a, en revanche, été maintenue à 65 % pour la Banque centrale des Comores ». En clair, pour bénéficier de cette facilité, les pays membres de la zone franc déposent leurs stocks de change à deux niveaux : pour moitié dans leurs banques centrales sous régionales (BCEAO, BEAC et Banque Centrale des Comores) et pour moitié auprès du Trésor français. Au sujet de la gestion des fonds déposés au Trésor français et selon la Banque de France, « le fonctionnement du compte d'opérations a été formalisé par des conventions signées entre les autorités françaises et les représentants des banques centrales de la Zone franc. Ils fonctionnent comme des comptes à vue ouverts auprès du Trésor français et sont rémunérés »[177].

---

[177] La même source précise que « Les avoirs extérieurs déposés sur les comptes d'opérations sont rémunérés au taux de la facilité de prêt marginal de la Banque centrale européenne (BCE) (1,5 % depuis le 11 juillet 2012) pour la quotité obligatoire des dépôts, et au taux minimum des opérations principales de refinancement de la BCE (0,75 % depuis le 11 juillet) pour les avoirs déposés au-delà de la quotité obligatoire si les banques centrales africaines souhaitent centraliser leurs avoirs extérieurs auprès du Trésor français au-delà de ce qui est prévu par les textes. Par ailleurs, depuis 1975, ces avoirs en euro bénéficient d'une garantie de non dépréciation de l'euro par rapport au DTS (Droit de Tirage Spécial, panier de monnaie utilisé par le FMI), afin de garantir leur valeur. Les modalités de fonctionnement des comptes d'opérations ont été formalisées par des conventions conclues entre le ministre français des finances et le représentant de chacun des instituts d'émission. » Historiquement (source : *idem*), les différentes parités ont été les suivantes :
-1945 : 1 FCFA = 1,7 FRF ou 1 FRF = 0,588 FCFA ;
-1948 (premier changement de parité) : 1 FCFA = 2 FRF ou 1 FRF = 0,5 FCFA ;
-1960 (entrée en circulation du nouveau franc français) : 1 FCFA = 0,02 FRF ou 1 FRF = 50 FCFA
-1979 (signature de l'accord de coopération monétaire entre la France et l'Union des Comores) : 1 KMF = 0,02 FRF ou 1 FRF = 50 KMF
-1994 (dévaluation de 50 % des deux francs CFA et de 33 % du franc comorien) : 1 FCFA = 0,01 FRF ou 1 FRF = 100 FCFA / 1 KMF = 0,01333 FRF ou 1 FRF = 75 KMF
-Depuis 1999 (passage du franc français à l'euro : niveau des parités en vigueur aujourd'hui) : 1 euro = 655,957 FCFA et 1 euro = 491,968 KMF.

En dépit de cette rémunération, les pays de la zone franc perdent au moins une partie de leur autonomie financière et se placent sous tutelle du Trésor français. Certes, la délocalisation d'une partie des fonds d'Etats de la zone CFA permet d'en faire une monnaie à parité fixe et stable, contrairement à la quasi-totalité des monnaies utilisées dans le monde, qui sont fluctuantes et dynamiques.

Néanmoins, cette approche fait de la zone CFA une succursale de la zone euro. Les pays de la zone franc se privent paradoxalement des ressources nécessaires au développement de leurs économies pour la plupart exsangues. Autre paradoxe : depuis la fin de la convertibilité du CFA entre ses deux principales zones que sont l'Afrique de l'Ouest et l'Afrique centrale en 1997, « changer le Franc CFA de l'Afrique de l'ouest pour celui de la zone d'Afrique centrale ou vice-versa est un petit parcours de combattant où chacun se sucre (banques, intermédiaires officiels comme officieux, etc.) par des commissions diverses au point que le change peut vous faire perdre jusqu'à 20% du montant que vous souhaitez échanger... Alors parler d'intégration entre les deux zones, c'est justement l'inverse qui est en fait promu »[178]

Le Franc CFA est une monnaie de « zone », qui segmente les territoires couverts en trois blocs géopolitiques (l'Afrique de l'ouest, l'Afrique centrale et les Comores). En dépit de cette segmentation, le fonctionnement du Franc CFA implique des institutions supranationales et un engagement de tous les pays membres de cette zone dans la production d'une politique de gestion et de contrôle. La particularité de cette monnaie est que le garant financier, la France, est située « hors zone » mais se constitue comme le pivot essentiel de la production de cette politique de gestion : la réalité du Franc CFA est d'être une monnaie de zone commune à quinze pays membres supervisés d'une manière ou d'une autre de l'extérieur, la France en étant partie intégrante parce que garant financier et co-trésorier. La zone CFA profite donc d'une standardisation externalisée des instruments de contrôle et de fonctionnement qui s'imposent

---

[178] Yves Ekoué Amaïzo, « On fait comment pour sortir du Franc CFA ?... », *op.cit.*

partout dans la zone franc à différents secteurs. Ce que nous allons montrer dans la section suivante, c'est que cette configuration, unique dans le monde, ne s'en tient pas à la monnaie, elle structure aussi l'économie de la zone CFA.

2. Architecture institutionnelle

Pour nourrir cette coopération monétaire, les pays africains de la zone Franc (se) sont rapidement regroupés dans deux Communautés économiques régionales qui se sont constituées en Unions monétaires. Huit de ces pays composent l'Union économique et monétaire ouest-africaine (UEMOA), constituée par un traité du 14 novembre 1973 : Bénin, Burkina Faso, Côte d'Ivoire, Guinée-Bissau, Mali, Niger, Sénégal et Togo. Six autres constituent l'Union monétaire d'Afrique centrale (UMAC), fondée par un traité du 23 novembre 1972 : Cameroun, Centrafrique, Congo, Gabon, Tchad et Guinée Equatoriale (depuis 1985). La BCEAO dont le siège est à Dakar, et la BEAC dont le siège est à Yaoundé sont les deux institutions chargées, avec la Banque Centrale des Comores (BCC), d'élaborer la politique monétaire à l'échelle sous régionale. Cette responsabilisation correspond à l'africanisation de la monnaie, avec le transfert des sièges des banques centrales de Paris à Yaoundé (Cameroun) pour la BEAC (1977) et à Dakar (Sénégal) pour la BCEAO (1978).

L'UEMOA et l'UMAC ont également mis en place des institutions chargées d'accompagner l'intégration régionale et l'ouverture commerciale. La Commission de l'Union économique et monétaire Ouest africaine (CUEMOA) et la Banque Ouest-africaine de développement (BOAD) structure l'action monétaire de la zone Franc en Afrique de l'Ouest. En Afrique centrale ; la Commission de la Communauté économique et monétaire d'Afrique Centrale (CEMAC) et la Banque de développement économique d'Afrique Centrale (BDEAC) jouent ce rôle.

L'intégration régionale est devenue une action par défaut, précisément parce que c'est en raison de la coopération de la zone CFA avec la zone euro que cette intégration s'est régionalisée au détriment de la coopération bilatérale.

Constatant en effet que les marchés nationaux des pays de l'Afrique de l'Ouest et du Centre sont vraiment trop petits, les partenaires au développement ont poussé les pays et les institutions de gestion de la zone Franc à se regrouper dans le but d'avoir en face d'eux des interlocuteurs d'une certaine dimension. Pour cela, l'Union européenne a décliné sa coopération en PIR (Programme indicatif régional), avec comme secteur de concentration en Afrique centrale, les liaisons inter-pays, sachant qu'en dehors du corridor Yaoundé-Libreville, aucune capitale n'est reliée à une autre par une route bitumée. Avec ces déclinaisons, en Zone Franc, l'Union économique et monétaire ouest-africaine (UEMOA) et la Communauté économique et monétaire de l'Afrique centrale (CEMAC), deviennent des Communautés Economiques régionales (CER). Ces institutions faîtières sont coiffées par une Commission, à l'exemple de l'Union européenne. Les CER se consacrent essentielles à trois choses : la libre circulation des personnes et des biens, la surveillance multilatérale sur la base des critères de convergence qui varient d'une région à l'autre, et l'adoption et la mise en œuvre de nombreux programmes communautaires. Elles ont en leur sein plusieurs organes spécialisés, notamment une Cour de justice supranationale et un comité interparlementaire dont les membres ne sont pas élus au suffrage universel, mais désignés par les Parlements nationaux.

Au total, si l'UEMOA fonctionne plutôt bien et engrange des succès dans divers chantiers communautaires, ce n'est guère le cas de la CEMAC qui, en raison des conflits qui affectent la Centrafrique, n'a toujours pas réintégré son siège à Bangui[179]. Mais à une échelle plus technique et subtile se joue un autre

[179] Dans son discours au sommet extraordinaire du du 23 octobre 2015 à Malabo (Guinée Equatoriale), le Président de la CEMAC indiquait que "Le fonctionnement (de la Commission) dans les conditions d'errance a atteint ses limites et ne peut durer davantage. Vivre dans l'errance comme c'est le cas depuis trois ans, se contenter de survivre, faute du financement attendu des États, voilà qui rend par ailleurs hypothétique toute possibilité d'évaluer le Gouvernement actuel de la Commission lorsque viendra la fin de son mandat. Il est d'ailleurs à craindre que l'entièreté du mandat ne s'achève dans cette errance qui constitue tout aussi un sacerdoce pour les cadres si ce n'est un calvaire".

challenge : organiser l'économie de tous les pays membres de la zone Franc au travers d'un conglomérat d'institutions qui essaiment au sein des CER. Ces institutions spécialisées fleurissent sous la forme d'organismes ou de plateformes spécialisés ayant vocation de régionaliser la pratique au sein des secteurs spécifiques.

Le deuxième exemple est l'Observatoire Economique et Statistique d'Afrique Subsaharienne (AFRISTAT) qui, dans le cadre du Traité d'Abidjan, « assure depuis 1996 la mission de contribuer au développement des statistiques économiques, sociales et de l'environnement dans les Etats membres et de renforcer leurs compétences dans ces domaines »[180]. Dix-huit pays forment AFRISTAT. Au bilan, AFRISTAT indique qu'« Au cours de sa première décennie d'existence, AFRISTAT a fait ses preuves en concentrant ses actions selon six axes prioritaires : coordination statistique ; comptabilité nationale ; conjoncture ; diffusion ; statistiques pour le suivi des conditions de vie des ménages ; statistiques agricoles. Au cours de la période 2006-2010, le programme stratégique de travail d'AFRISTAT a pour ambition de doter l'organisation d'un outil de gestion stratégique et d'offrir aux systèmes statistiques des Etats membres un cadre pour les aider à bâtir leurs stratégies statistiques nationales. Le programme s'articule autour de six volets : renforcement des capacités institutionnelles ; appui pour le développement de systèmes d'information en relation avec les stratégies de réduction de la pauvreté et des OMD ; appui pour le renforcement des capacités de production statistique et d'analyse ; appui pour le renforcement des capacités de diffusion ; recherche appliquée ; renforcement des moyens de travail d'AFRISTAT »[181].

En étant placées sous l'autorité des Conseils de Ministres de la zone Franc, ces organisations structurent l'activité des gouvernements de la zone et laissent peu de place à la marge de manœuvre politique. Cela est d'autant plus contraignant pour les Etats que dans le secteur bancaire, chaque Banque centrale a créé en son sein une Commission bancaire régionale qui régle-

---

[180] Source : http://www.afristat.org/

[181] *Idem.*

mente les régimes bancaires nationaux, soumettant ainsi la question monétaire à des spécialistes et à des structures techniques. A titre illustratif, pour la zone CFA d'Afrique centrale, la COBAC (Commission Bancaire de l'Afrique Centrale) est créée le 16 octobre 1990 par une convention entre les six Etats membres (Cameroun, Gabon, Tchad, République centrafricaine, Congo, Guinée Equatoriale). Son rôle est « de veiller au respect par les établissements de crédit des dispositions législatives et réglementaires édictées par les Autorités, par la Banque Centrale ou par elle-même et qui leur sont applicables et de sanctionner les manquements constatés ». La COBAC et renforcée par la Convention du 17 janvier 1992 portant harmonisation de la réglementation bancaire dans les Etats de l'Afrique Centrale.

L'ensemble de cette architecture institutionnelle est coiffé par la Conférence des ministres de la Zone Franc qui se réunit tous les six mois, en automne (septembre-octobre) à Paris et au printemps (avril) alternativement en Afrique centrale et en Afrique de l'ouest pour coordonner les points de vue avant la tenue des Assemblées générales du FMI et de la Banque mondiale (octobre). On notera que c'est la Banque de France qui prépare ces réunions. Elle assure en outre le secrétariat du comité monétaire de la Zone Franc, rédige et publie le rapport annuel de la Zone franc.

3. Situation (post) coloniale : une servitude monétaire ?

Boubacar Séga Diallo[182] a indiqué que le Franc CFA a été introduit difficilement dans le contexte africain. Son enquête d'historien permet de constater en effet que les Soudanais, qui utilisent activement les cauris comme monnaie de change depuis le VIIIème siècle au moins, n'ont pas été favorables à l'introduction de la monnaie européenne qui s'est difficilement imposée à la colonisation française. Trois étapes sont ainsi distinguées à l'introduction de la monnaie européenne : 1896-

[182] Diallo, Boubacar Séga. "Des cauris au franc CFA." *Mali-France: Regards sur une histoire partagée,* ed. GEMDEV et Université du Mali (2005): 407-31.

1922, 1922-1945 et 1945-1962. La première période (1896-1922) est marquée par la circulation de plusieurs monnaies (or, cauris, tissus (les fameuses guinées), le franc) : « Pour les Soudanais habitués au cauris blanc incassable et qui se thésaurise facilement, c'était la meilleure monnaie. La monnaie européenne qui pourtant servait à payer l'impôt, à acheter les produits importés n'était qu'une marchandise qui se garde mal. »[183] Cependant, l'économie coloniale ne manqua pas de s'imposer, et avec elle sa monnaie. Si bien que la deuxième période (1922-1945) fut celle de la mise en valeur : « D'importantes sommes arrivèrent au Soudan, dans le cadre du plan Sarraut[184], dont les effets furent limités, mais aussi dans celui des aménagements du Niger. Les Soudanais prirent goût à l'argent, ils développèrent les cultures de rente (arachide, coton) pour payer l'impôt mais aussi pour acheter les produits manufacturés. Presque partout, les cauris, qui furent interdits comme signe monétaire en 1922, commencèrent à tomber en désuétude. »[185] Enfin, l'auteur considère que « La troisième

---

[183] *Ibid.*, p.407.

[184] « Albert Sarraut domine la vie politique coloniale indochinoise dans les années dix et celle de l'Empire dans les années vingt. Né le 28 juillet 1872 à Bordeaux, il entre en politique au parti radical en 1898 et passe l'année suivante son doctorat de droit. Il est élu député de l'Aude en 1902, poste qu'il conserve jusqu'en 1924, et dirige à la même époque l'antenne parisienne de *La Dépêche de Toulouse*. Il entre au gouvernement pour la première fois comme sous-secrétaire d'État à l'Intérieur de mars 1906 à juin 1907 dans les ministères Sarrien et Clemenceau puis occupe les mêmes fonctions à la Guerre de juillet 1909 à novembre 1920 sous les deux ministères Briand 2. En novembre 1911, Albert Sarraut est nommé gouverneur général de l'Indochine par le cabinet Caillaux. (…) Albert Sarraut, devenu l'homme fort du parti colonial en France, avance en plusieurs occasions sa vision du devenir de l'Empire colonial français. C'est le cas en Indochine, à Hanoi, en 1918 où il proclame que *Les colonies sont des États en devenir*, et dans son projet de loi d'équipement impérial à la Chambre, en 1921, à l'occasion duquel il affirme que *les arrière-petits-neveux accéderont à l'indépendance.* » (Patrice Morlat, « Projets coloniaux et mise en pratique : la politique des « fils » de Sarraut en Indochine dans les années vingt », *Cahiers d'histoire. Revue d'histoire critique* [En ligne], 85 | 2001, mis en ligne le 01 octobre 2004, consulté le 21 octobre 2016. URL : http://chrhc.revues.org/1735).

[185] Diallo, Boubacar Séga. "Des cauris au franc CFA.", *op.cit.*, p.407.

étape de 1945 à 1962, correspond à la victoire du franc CFA »[186].

Cette bataille entre cauris et franc CFA peut être considérée comme l'histoire officielle de l'inscription du CFA dans le processus long de la monétarisation des échanges économiques en Afrique subsaharienne. Il faut néanmoins noter que le Mali, passé sous la bannière du socialisme au début des années 1960, va sortir de la zone Franc en 1962 pour créer le franc Malien et ne réintégrer cette monnaie qu'en 1984.

En marge de cette histoire officielle, des analystes ont cependant prétendu qu'une histoire secrète et plus vicieuse du Franc CFA en ferait une monnaie au cœur d'un système d'exploitation des colonies françaises par la métropole. Yves Ekoué Amaïzo a indiqué que l'histoire du Franc CFA commence en 1853 au moment où l'Etat français refuse, conformément à ses engagements et à la coutume, de désintéresser financièrement les esclavagistes ayant accepté de libérer les esclaves au Sénégal en 1848. Le choix du gouvernement français a été de convertir le montant dû en actions pour la création de la Banque du Sénégal, la première dans ce qui deviendra la zone Franc. Ancêtre de la Banque d'Afrique Occidentale (BAO) et de la défunte BIAO (Banque Internationale pour l'Afrique Occidentale), la Banque du Sénégal avait la double vocation de banque centrale, avec pouvoir de création illimitée de monnaie, et de banque commerciale. Même libres, les anciens esclaves étaient exclus de l'actionnariat de la Banque du Sénégal, ce qui en a fait « la banque des propriétaires d'esclaves »[187]. Dans un autre texte, Yves Ekoué Amaïzo déduit de cette analyse que « le Franc CFA n'est pas une monnaie mais un simple signe monétaire d'usurpation des richesses africaines et une négation des droits à la souveraineté monétaire des peuples africains »[188].

---

[186] *Idem.*

[187] Amaïzo, Yves Ekoué. *Naissance d'une Banque de la Zone Franc: 1848-1901: Priorité aux propriétaires d'esclaves*. Editions L'Harmattan, 2001.

[188] Yves Ekoué Amaïzo, « On fait comment pour sortir du Franc CFA ? Une solution de transition en affectant une partie des réserves africaines », disponible sur https://blogs.mediapart.fr/francois-fabregat/blog/190815/fait-

Cette argumentation dessine les contours et les origines de la vive polémique qui fait actuellement rage dans les prises de parole sur la zone et le Franc CFA. A titre illustratif, nous citerons deux interventions de politicien et de technicien, fortes et notables, contre le Franc CFA. L'intervention politique est celle d'Idriss Deby, le président du Tchad qui, le 11 août 2016 lors du 55ème anniversaire de l'indépendance de son pays, s'est exprimé contre la monnaie. Pour lui, « Il y a aujourd'hui le FCFA qui est garanti par le trésor français. Mais cette monnaie, elle est africaine. C'est notre monnaie à nous. Il faut maintenant que réellement dans les faits cette monnaie soit la nôtre pour que nous puissions, le moment venu, faire de cette monnaie une monnaie convertible et une monnaie qui permet à tous ces pays qui utilisent encore le FCFA de se développer. Je crois que c'est une décision courageuse que nos amis français doivent prendre »[189]. Pour expliciter son choix d'en finir avec le Franc CFA, le président tchadien avait ajouté que « L'Afrique, la sous-région, les pays africains francophones aussi, ce que j'appelle la coopération monétaire avec la France, il y a des clauses qui sont dépassées. Ces clauses-là, il faudra les revoir dans l'intérêt de l'Afrique et dans l'intérêt aussi de la France. Ces clauses tirent l'économie de l'Afrique vers le bas, ces clauses ne permettront pas de se développer avec cette monnaie-là »[190]. Deby accuse clairement le Franc CFA d'être la monnaie du sous-développement, et proclame que « le moment est venu de couper un cordon qui empêche l'Afrique de décoller »[191].

L'économiste bissau-guinéen Carlos Lopès a indiqué qu'« Il faut vraiment une discussion de fond sur la zone franc ! Le franc CFA est un mécanisme désuet, pas du tout adapté à la

---

comment-pour-sortir-du-franc-cfa-une-solution-de-transition-en-affectant-une-partie-des

[189] Idriss Deby, cité sur Afric.com, « Idriss Déby appelle les pays africains à se débarrasser du Franc CFA », article disponible sur http://www.afrik.com/idriss-deby-appelle-les-pays-africains-a-se-debarrasser-du-franc-cfa#lUg6D2R0rlGsGCVe.99

[190] *Idem.*

[191] *Idem.*

conjoncture internationale, qui est plutôt dynamique »[192]. Selon lui, « Aucun pays au monde ne peut avoir une politique monétaire immuable depuis trente ans. Il y a donc quelque chose qui cloche »[193]. Pour s'adapter au monde actuel et à l'économie de marché, il faut faire évoluer le statut du franc CFA, voire le réformer en profondeur pour l'arrimer à un panier de devises plutôt qu'au seul euro.

Contre Carlos Lopès et tous ceux qui pensent qu'il faut en finir avec la zone Franc, les tenants du *statu quo* ont réagi. Réunis à Bercy (Paris) autour du ministre français des finances le vendredi 30 septembre 2016, plusieurs têtes de pont de la zone ont utilisé les mêmes éléments de langage pour défendre le franc CFA et son arrimage à l'euro. Pour le gouverneur Tiémoko Meyliet Koné de la Banque centrale des États de l'Afrique de l'Ouest (BCEAO), une comparaison entre pays africains membres ou de la zone CFA montre une meilleure résistance des pays de la zone CFA aux actuelles fluctuations à la baisse des cours des matières premières : "Personne ne peut nous dire que, par rapport aux autres pays qui ont à peu près les mêmes challenges que nous, ils sont mieux lotis"[194]. Confirmant ce point, son collègue Lucas Abaga Neham, le gouverneur de la Banque centrale des États d'Afrique centrale (BEAC), a précisé que « Ce n'est pas le franc CFA qui est en crise, elle provient de chocs exogènes qui impactent nos économies »[195]. Reprenant la même rhétorique, le gouverneur de la Banque de France, François Villeroy de Galhau, a ajouté que l'arrimage du franc CFA à l'euro a un avantage stratégique considérable : "Ça évite

---

192 Cité dans « Carlos Lopes quitte la commission économique pour l'Afrique ». En savoir plus sur http://www.lemonde.fr/afrique/article/2016/09/29/carlos-lopes-quitte-la-commission-economique-pour-l-afrique_5005478_3212.html#uwUxOQdhlGopCtis.99

193 *Idem.*

194 Cité sur http://fr.africanews.com/2016/10/01/des-economistes-africains-contredisent-carlos-lopes-sur-le-franc-cfa/. Sauf précision spécifique, toutes les citations de ce paragraphe sont tirées de cette source.

195 Cité dans « Afrique: le franc CFA "n'est pas en crise", selon ses responsables », disponible sur http://www.boursorama.com/actualites/afrique-le-franc-cfa-n-est-pas-en-crise-selon-ses-responsables-eeaf6407387d7a4968fcd515855b1cda

que, quand le prix des matières premières est bas, le taux de change baisse trop, ce qui aurait des conséquences d'inflation très fortes. Des grands pays pétroliers d'Afrique, je n'ai pas besoin de citer de noms, qui ne sont pas dans la zone franc, ont aujourd'hui des inflations domestiques à deux chiffres, très spectaculaires. Ça, c'est évidemment une très mauvaise chose pour le pouvoir d'achat". Enfin, Michel Sapin, le ministre français de l'économie et des finances, a ajouté que le franc CFA « permet de développer les investissements dans de meilleures conditions, sans prendre de risques. Dans d'autres pays, il faut à chaque fois se garantir contre le risque de dévaluation dans un sens, dans l'autre. Tout ceci est en quelque sorte effacé par des mécanismes qui sont ici ».

En somme, la stratégie de communication institutionnelle est, du côté des gestionnaires du système « Zone CFA », d'opposer des éléments conjoncturels aux questions structurelles et de fond que pose Carlos Lopès et les intellectuels favorables à une approche alternative de la monnaie en Afrique subsaharienne. L'économiste Paul Derreumaux[196] est venu à la rescousse des positions conservatrices des tenants de l'ordre institutionnel, en indiquant notamment que dans la conjoncture actuelle, le Franc CFA n'est pas le facteur décisif de l'analyse des économies africaines. Il considère que la gouvernance a plus d'impact, et cite en exemple la réussite macroéconomique de la Côte d'Ivoire dans un environnement sous régional morose. En réponse, quatre économistes[197] viennent de commettre un ouvrage pour sortir la zone CFA de cette « servitude monétaire » et ainsi éviter ce que font les « conjoncturistes » : déconnecter le débat monétaire de cette question politique qu'est le statut de la souveraineté en Afrique

---

[196] En savoir plus sur http://www.lemonde.fr/afrique/article/2016/09/30/non-le-franc-cfa-n-est-pas-responsable-de-l-immobilisme-de-l-afrique-francophone_5006248_3212.html#J77slu1Tsm3j8xXF.99

[197] Il s'agit de l'ancien ministre togolais Kako Nubukpo, du Français Bruno Tinel (maître de conférences, Université Paris I Panthéon-Sorbonne), du Sénégalais Demba Moussa Dembélé qui président le Forum africain des alternatives, et de l'économiste et sociologue camerounais, Martial Ze Belinga, qui signent *Sortir l'Afrique de la servitude monétaire. A qui profite le franc CFA ?*, Paris, Editions La Dispute, octobre 2016.

postcoloniale. Il s'ensuit qu'en dépit des réponses institutionnelles et des postures conjoncturistes, le débat sur le franc CFA ne finira pas de sitôt, parce que cette monnaie est considérée comme un serpent de mer, un vestige colonial et un facteur de sous-développement en raison des maillages institutionnels régionaux et de ses contreperformances économiques. Le dernier chapitre reviendra sur la nécessité de repenser la question monétaire à l'heure de la nécessaire régionalisation en Afrique.

Chapitre 6 :
Le NEPAD ou la régionalisation endogène ?

« L'homme a survécu jusqu'ici parce qu'il était trop ignorant pour pouvoir réaliser ses désirs. Maintenant qu'il peut les réaliser, il doit les changer, ou périr. »

William Carlos Williams

Le Nouveau partenariat pour le développement de l'Afrique (NEPAD) est une initiative politique qui propose une approche économique afro-africaine que nous considérerons dans ce chapitre sous le modèle d'une expérience endogène. En effet, depuis ses origines, le projet du NEPAD est de s'appuyer sur les réalités et les potentialités africaines pour procéder à une intégration économique adaptée aux contraintes locales. De notre point de vue, il s'agit d'une forme keynésienne de régionalisation qui s'appuie largement sur l'investissement public. L'enjeu du NEPAD est, depuis le début, de mettre la volonté politique au service des projets de développement qui replacent l'Afrique dans la communauté globale des débats et mouvements économiques et stratégiques. L'histoire, les projets, ainsi que les enjeux et les faiblesses de cette expérience qui couvre tout l'ensemble continental méritent d'être revisités et évalués dans le présent chapitre.

1. L'émergence d'un programme disputé

Le NEPAD est né d'un consensus de l'Organisation de l'Unité Africaine au sommet de Lomé en 2000 autour de l'idée que « L'Afrique devrait élaborer et approuver un programme de rétablissement de l'Afrique »[198]. L'Organisation panafricaine autorisa les présidents nigérian, algérien et sud-africain de travailler à ce projet de la renaissance africaine, dont le but était de trouver des stratégies pour enrayer la régression du continent sur la scène internationale. Quatre personnalités alors sous mandat présidentiel vont marquer ce virage : Abdelaziz Bouteflika (Algérie), Tabo M'beki (Afrique du Sud), Olusegu Obasandjo (Nigéria) et Abdoulaye Wade (Sénégal). M'beki présenta le Millenium African Renaissance Program (MARP, ou MAP) au Forum Economique Mondial (FEM) de Davos (Suisse) le 28 janvier 2001. Ces termes du président sud-africain furent les suivants : « Le programme MAP est une déclaration d'un engagement ferme des dirigeants africains à prendre en main et à assumer la responsabilité du développement économique durable du continent. Notre point de départ est un examen critique de l'expérience africaine après l'indépendance et de l'acceptation que les choses doivent être faites différemment pour réaliser un progrès socio-économique significatif, sans lequel il ne serait pas facile d'accomplir notre tâche historique d'améliorer la vie de notre peuple. »[199]

De fait, le MAP voulait tourner la page du sous-développement de l'Afrique postcoloniale et introduire une révolution dans l'approche des questions continentales à travers

198 "Africa should draw up and agree on an Africa Recovery Programme" (Smith, Malinda, ed. *Beyond the'African tragedy': discourses on development and the global economy.* Ashgate Publishing, Ltd., 2006, p.101).

199 "The MAP programme is a declaration of a firm commitment by African leaders to take ownership and responsibility for the sustainable economic development of the continent. Our starting point is a critical examination of Africa's post-independence experience and acceptance that things have to be done differently to achieve meaningful socio-economic progress, without which it would not be easy to achieve our historic task of improving the lives of our people" (Thabo Mbeki, "Briefing by President Thabo Mbeki at the World Economic Forum Meeting, Davos, 28 January 2001", disponible sur http://www.jstor.org/stable/4006699?seq=1#page_scan_tab_contents).

de grands chantiers structurants. Thabo Mbeki précise ce point en ces termes : « Notre programme contient une vision, une perspective et les grandes lignes du plan de réaménagement de l'Afrique. Il clarifie nos objectifs et notre approche des projets de développement qui seront évalués, développés et négociés avec nos partenaires en Afrique et dans le reste du monde au cours des prochains mois »[200].

En clair, le MAP se voulait le creuset d'un éveil continental, capable d'impulser un développement véritable après cinquante ans d'une indépendance qui s'est avérée infructueuse. Ce projet reposait sur un principe : « Une vision commune et une conviction ferme et partagée, à savoir que [les États africains] ont un devoir pressant d'éradiquer la pauvreté et de placer leurs pays, individuellement et collectivement, sur la voie d'une croissance et d'un développement durables et, en même temps, participer activement à l'économie mondiale et au corps politique. Le programme est ancré sur la détermination des Africains à sortir eux-mêmes et le continent du malaise du sous-développement et de l'exclusion dans un monde globalisé. La pauvreté et l'arriération de l'Afrique contrastent radicalement avec la prospérité du monde développé. La marginalisation continue de l'Afrique du processus de mondialisation et l'exclusion sociale de la grande majorité de ses peuples constituent une grave menace pour la stabilité mondiale »[201].

---

200 "Our programme contains a vision, perspective and the outlines of the plan for the redevelopment of Africa. It clarifies our objectives and approach to development projects that are going to be appraised, further developed and negotiated with our partners in Africa and the rest of the World during the next few months" (T. Mbeki, *idem*).

201 "a common vision and a firm and shared conviction, that they [African States] have a pressing duty to eradicate poverty and to place their countries, both individually and collectively, on a path of sustainable growth and development, and at the same time to participate actively in the world economy and body politic. The Programme is anchored on the determination of Africans to extricate themselves and the continent from the malaise of underdevelopment and exclusion in a globalizing world. .The poverty and backwardness of Africa stand in stark contrast to the prosperity of the developed world. The continued marginalisation of Africa from the globalisation process and the social exclusion of the vast majority of its peoples constitute a serious threat to global stability (UNECA, "The new African initiative: a merger of the millennium African renaissance partnership

Contrairement aux attentes du président Thabo Mbeki, le MAP s'est heurté à une forte concurrence. En effet, au cours de la Conférence des Ministres de la Commission Economique pour l'Afrique (CEA, instance onusienne) tenue du 8 au 10 mai 2001 à Alger, les quatre pays mandataires de l'OUA présentent le « Millenium Partnership for the African Recovery Programme », qui est la version finale d'une ébauche rendue publique à Pretoria en mars 2001. Le consensus espéré par les pays mandatés n'eut pas lieu, au contraire. En plus du MAP, deux projets concurrents seront présentés au cours de cette même réunion : le « Compact for African Recovery (CAR), porté par la CEA, et surtout le « Plan Omega », porté par le Président sénégalais Abdoulaye Wade. Contrairement au CAR qui est une solution reposant sur les ressources et les technologies agentielles et onusiennes, le « Plan Oméga » considère que le retard de l'Afrique dans les échanges mondiaux repose « sur la faiblesse de ses infrastructures, le niveau très faible de l'éducation de ses populations, leurs énormes problèmes de santé et le caractère archaïque des systèmes d'exploitation agricole ». Pour lever ces handicaps, Abdoulaye Wade propose un plan chiffré de financement de projets structurants à l'échelle sous régionale et continentale, avec des délais de remboursement de 50 ans. Faisant face au leadership sud-africain, le Président Wade proposait de créer et de mettre en place dès septembre 2001 une Autorité mondiale pour l'Afrique placée sous le contrôle du Secrétaire Général de l'ONU. L'offensive et le positionnement du leader sénégalais étaient ouvertement politiques et se voulait une alternative au MAP. Tout cela révélait la complexité des enjeux : « Outre la volonté d'offrir de nouvelles perspectives à l'Afrique, il s'agissait là manifestement pour Wade de ne pas laisser le monopole du leadership continental à son homologue sud-africain. Plus axé sur la théorie orthodoxe du rattrapage issue de l'héritage doctrinal de Rostow, il est également plus technique voire « technocratiquement orienté » que le MAP. Le « Plan Omega » vise ainsi principalement à combler les retards de

---

programme (MAP) and the omega plan", disponible sur http://repository.uneca.org/handle/10855/3319)

l'Afrique sur les pays plus avancés par l'intégration économique et à partir de la mobilisation du capital physique et humain selon les prescriptions de la théorie de la croissance endogène »[202].

Au fond, Wade et M'beki tenaient les deux pôles de ce qui sera l'un des épisodes les plus marquants des luttes de prestige au sein des institutions africaines où les instances onusiennes ont aussi fait entendre leur voix au milieu de cette opposition entre anglophones et francophones. Pour certains analystes, Wade était dans une démarche de sabotage du projet sud-africain plutôt que de contre-proposition. Pour cela même, il fallait négocier : « Seule une négociation dure a permis d'empêcher le Plan Omega de Wade de saboter l'unité africaine avant même qu'elle n'ait commencé, surtout quand Wade a commencé à prétendre que son plan était une «initiative pratique pour surmonter les difficultés économiques de l'Afrique» alors que MAP était «plus un manifeste». Pourtant, le plan de Wade était extrêmement problématique et ne méritait pas le statut qui lui a été donné (bien que sans doute satisfaire le moi de son auteur) »[203]

Le NEPAD est le produit d'une discussion sur une synthèse de projets entre experts. Cette synthèse a été produite par la réunion des représentants de cinq chefs d'Etats africains (Sénégal, Egypte, Algérie, Afrique du Sud, Nigéria), de l'OUA et de l'ONU, tenue à Pretoria les 03 et 04 juillet 2001. Selon

---

[202] Julien Vlassenbroek, « Le NEPAD ou l'ère de la conditionnalité intériorisée », mémoire de recherches soutenu en vue de l'obtention du Diplôme d'études spécialisées en études du développement, Université de Louvain-La-Neuve (UCL), 2005, disponible sur http://www.memoireonline.com/06/06/164/m_nepad-conditionnalite-interiorisee0.html.

[203] "Only hard bargaining managed to prevent Wade's Omega Plan from sabotaging African unity before it had even begun, particularly when Wade began claiming that his plan was a `practical initiative for overcoming Africa's economic difficulties', while MARP was `more of a manifesto'. Yet Wade's plan was extremely problematic and did not deserve the status that it was given (though no doubt satisfying the ego of its author)"(Taylor et P. Nel, « `New Africa', Globalization and the Confines of Elite Reformism : `Getting the Rhetoric Right', Getting the Strategy Wrong », *Third World Quarterly*, Vol. 23, n°1, Londres, février 2002, p. 173).

Nazeem Mahatey, le porte-parole du gouvernement sud-africain, « Après des discussions intenses entre les différents représentants, la réunion a accepté, par consensus, de fusionner les deux initiatives en une seule, en un même document fondateur intégrant les idées contenues dans le MAP et le Plan Omega »[204]. Cette synthèse, qui sera entérinée par le sommet de l'OUA de Lusaka (Zambie, 9-11 juillet. 2001, qui a aussi vu le passage de l'Organisation de l'Unité africaine à celle de l'Union Africaine), prévoit la mise en place « d'une plate-forme commune pour que nos peuples et les associations regroupant des citoyens ordinaires soient mieux impliqués dans les discussions et la prise de décision relatives aux problèmes et aux défis qui interpellent notre continent »[205].

La feuille de route du NEPAD a été définie par le sommet de Lusaka (9-11 juillet 2001), qui a aussi élargi à dix autres chefs d'Etats (à raison de deux pour chacune des cinq régions africaines), la Commission de Mise en Œuvre (Implementation Comittee) qui assure le pilotage politique de cette Nouvelle Initiative Africaine (NIA) qu'on rebaptisa « New Partnership for African Development » (NEPAD). Celui-ci devient le canal principal du soutien de l'ONU à l'Afrique au terme d'une Résolution votée par l'Assemblée Générale le 16 septembre 2002 (Résolution A/RES/57/7) en présence de Thabo M'beki et Abdoulaye Wade.

Le résultat du consensus politique autour du NEPAD a été l'accélération du passage d'une phase de débats à une phase opérationnelle par la mise en place des structures techniques de coordination des projets. Sur ce point, la création du Secrétariat du NEPAD est un résultat majeur de l'approche consensuelle des débats sur le sujet. Mais le tournant a été la création de l'Agence de Planification et de Coordination du NEPAD (APCN) lors de la 14ème Conférence de l'Union Africaine (UA), en février 2010. Dès cet instant, l'APCN remplace le Secrétariat du NEPAD et devient l'organe technique de l'UA,

---

[204] Cité par l'agence PANAPRESS, sur http://www.panapress.com/Cinq-Etats-acceptent-de-fusionner-le-MAP-et-le-Plan-Omega--12-612363-1-lang1-index.html

[205] *Idem.*

avec pour mandat de « faciliter et coordonner la mise en œuvre de projets et programmes à l'échelle continentale et régionale ; mobiliser des ressources et des partenaires pour soutenir la mise en œuvre des programmes et projets prioritaires de l'Afrique ; mener et coordonner la recherche et la gestion du savoir ; faire le suivi et l'évaluation de la mise en œuvre des programmes et des projets ; promouvoir la vision, la mission et les valeurs et principes fondamentaux de l'UA et du NEPAD »[206]

2. Le socle régional et les CER

Le NEPAD est né de la synthèse du MAP et du « Plan Oméga ». Pour satisfaire toutes les parties, cet organe institutionnel est apparu à ses débuts comme une plateforme devant servir de passerelle entre les gouvernements, les investisseurs étrangers et la société civile africaine. Il s'inscrit dans la perspective d'une nouvelle gouvernance où la région est désormais l'« espace primaire opératoire »[207] La naissance de l'APCN en 2010, après que le sommet d'Alger (mars 2007) ait autorisé l'arrimage du NEPAD à l'UA, applique la décision du deuxième sommet de l'UA (Maputo, Mozambique, 2003) d'intégrer le NEPAD dans les processus et structures de l'UA. Cette naissance consolide le statut du NEPAD comme structure à part entière de l'Union Africaine. Le schéma suivant montre comment l'Agence du NEPAD s'inscrit dans l'architecture institutionnelle et les mécanismes de gouvernance de l'UA.

[206] Agence du NEPAD, http://www.nepad.org/sites/default/files/

[207] Barthélemy Kilosho (son site) « Afrique : le NEPAD, 7 ans après, reste un coup d'épée dans l'eau ? », disponible sur http://www.agoravox.fr/tribune-libre/article/afrique-le-nepad-7-ans-apres-reste-55560

Graphique n°1 : Le NEPAD dans la gouvernance de l'UA

En raison de cette position dans la gouvernance de l'UA, l'Agence du NEPAD est désormais chargée de réaliser l'objectif principal de cette institution panafricaine qui est le suivant : « Le NEPAD a pour objet, au moyen d'investissements massifs dans des projets de structures fondamentales et de développement humain, de résorber à terme les gaps fondamentaux qui séparent l'Afrique du monde développé, en vue de sa participation pleine et entière à la production mondiale et au commerce international, moteur de la croissance économique. En somme, faire de l'Afrique, un « partenaire et non plus un assisté ». En effet, la raison refuse de considérer comme irrémédiablement condamné un continent qui dispose de ressources humaines et naturelles considérables, potentiellement 700 millions de consommateurs »[208].

La mise en place de l'Agence du NEPAD marque la volonté de résorber « le mal développement africain » par un diagnostic sans complaisance sur les difficultés du continent à intégrer la donne mondiale. Ce diagnostic intègre aussi le fait que, par le biais des exportations, les matières premières minières et agricoles africaines ont participé au développement des pays riches. Pour cela, la question de l'arrimage de l'Afrique à

[208] Abdoulaye Wade, « Le financement entre récession économique et crise des projets politiques », préface à Hakim Ben Hammouda et Moustapha Kassé (dir.), *LE NEPAD et les enjeux du développement en Afrique,* Paris, éd. Maisonneuve & Larose, p.9-10.

l'ensemble de l'économie planétaire est une question mondiale. A ce titre, et pour sortir l'Afrique de la marginalisation, le NEPAD et ses structures techniques et politiques ont reçu un mandat en cinq points :

1) Faciliter et coordonner la mise en œuvre des programmes et projets prioritaire à l'échelle continentale et régionale ;
2) Mobiliser ressources et partenaires pour appuyer la mise en œuvre des programmes et projets ;
3) Manager et évaluer l'implémentation des programmes et projets ;
4) Conduire et coordonner la recherche et l'intelligence managériale ;
5) Mener un plaidoyer pour promouvoir la vision, la mission et les valeurs de base de l'UA et des programmes du NEPAD.

Pour réaliser ses missions, l'Agence du NEPAD sollicite l'implication des pays développés dans les technologies et le financement nécessaires à la réalisation des grands projets. Atteindre cet objectif fondamental de résorber le décrochage de l'Afrique est en adéquation avec les attentes des instances onusiennes à l'égard des pouvoirs africains. Répondant à cette demande, un rapport du Secrétariat Général des Nations Unies souligne que « L'une des principales caractéristiques du NEPAD est qu'il associe l'élaboration de plans directeurs portant sur des thèmes précis à l'exécution de programmes et de projets dans les secteurs prioritaires »[209]

Le NEPAD est ainsi consacré comme la seule initiative continentale de développement qui prend appui sur des dynamiques régionales. Dans ce cadre, il s'agit d'un point d'appui technique décisif à l'action des Communautés Economiques Régionales (CER) de l'Union Africaine. En effet, les CER ont été créées en 1991 par le Traité d'Abuja pour permettre une mise en marche de l'intégration du continent à partir de huit pôles régionaux[210]. Dans les faits, les CER ont une

---

[209] Nations Unies, Assemblée générale, Doc. A/59/206.

[210] Les Communautés Economiques Régionales (CER) de l'Union Africaine : l'Union du Maghreb Arabe (UMA), la Communauté économique des Etats de l'Afrique de l'Ouest (CEDEAO), la Communauté de développement de l'Afrique australe (SADC), le Marché commun de l'Afrique de l'Est et de

vocation économique, étant constitués d'« un ensemble de pays à économies ouvertes dotées de ressources naturelles diversifiées mais affichant des niveaux de développement et des conditions macroéconomiques contrastées. »[211] Les CER ont aussi un rôle important dans l'opérationnalisation de l'architecture de paix et de sécurité africaine (APSA)[212]. Il s'agit d'un rouage essentiel de la stabilisation politique et du maintien de la paix : « En Afrique, toute CER, dans le respect d'un cadre juridique bien défini, a donc vocation à agir pour la prévention, la gestion et la résolution des conflits. L'engagement des Etats africains au niveau régional se traduit par leur volonté avérée de régionaliser : leurs discours (déclarations communes, signature de Traités, de conventions et de protocoles), leurs processus de prise de décision (sommets de chefs d'Etat et de gouvernement, réunion extraordinaire) et leurs moyens (mécanismes d'observation ou d'alerte précoce, mise en place de brigades régionales en attente). »[213]

En tant qu'organe technique de l'Union Africaine et agissant pour l'intégration et le développement des différentes CER, l'Agence du NEPAD « se concentre sur la coordination

l'Afrique australe (COMESA), la Communauté économique des Etats de l'Afrique centrale (CEEAC), la Communauté des Etats sahélo-sahariens (CEN-SAD), l'Autorité intergouvernementale pour le développement (IGAD) et la Communauté des Etats d'Afrique de l'Est (CAE).

[211] Alex Rugamba et Moono Mupotola, préface à Juan Zhang « L'appui à la convergence macroéconomique dans les CER en Afrique », Documents de Politique sur l'intégration régionale N°001-Décembre 2012, NEPAD, p.5.

[212] Selon l'UA, « L'Architecture africaine de paix et de sécurité (APSA) s'ordonne autour de structures, d'objectifs, de principes et de valeurs, ainsi que de processus décisionnels portant sur la prévention, la gestion et le règlement des crises et conflits, la reconstruction et le développement post-conflit sur le continent. Le Protocole relatif à la création du Conseil de paix et de sécurité (CPS), adopté à Durban (Afrique du Sud), en juillet 2002, et entré en vigueur en décembre 2003, décrit les différentes composantes de l'APSA et les responsabilités respectives qui sont les leurs. » See more at: http://www.peaceau.org/fr/topic/the-african-peace-and-security-architecture-apsa#sthash.B1ByLDRB.dpuf

[213] Dr. Amandine Gnangenon, « Le rôle des Communautés économiques régionales dans la mise en œuvre de l'Architecture africaine de paix et de sécurité », Délégation aux affaires stratégiques, chargé de mission études Sous-direction Politique et Prospective de défense, 2010, p.7.

stratégique de la mise en œuvre des priorités, des programmes et des projets du continent. Ce rôle revêt une importance accrue dans le contexte de l'Agenda 2063 de l'Union Africaine et des Objectifs de développement durable (ODD). »[214]

3. L'Agenda 2063

A l'occasion du 50ème anniversaire de la naissance de l'Organisation de l'Unité Africaine en mai 2013, les chefs d'Etats et de gouvernements ont décidé de ré-enchanter le vieux rêve des pères fondateurs de laisser à la postérité un continent intégré, prospère et en paix. L'agenda 2063 marque cette volonté de projeter ce rêve dans le temps, de mettre en place les ressources politiques et les moyens nécessaires pour une transformation structurelle et endogène de l'Afrique au cours des cinquante prochaines années. Pour y arriver, l'UA compte sur l'action conjointe et déterminée des quatre institutions : la Commission de l'Union Africaine (CUA), l'Agence du NEPAD, la Banque Africaine de Développement (BAD) et la Commission Economique des Nations Unies pour l'Afrique (UNECA). Cette projection fait de 2063 l'année du plein développement endogène : c'est la date de référence pour la réalisation des projets conçus et menés à partir de repères stratégiques et des financements internes. Aussi, « en 2063, l'Afrique aura pris l'entière responsabilité de financer son propre développement et ne sera plus dépendante des donateurs. En prenant intégralement en charge ses ressources naturelles, en engageant ses citoyens bien formés et compétents de l'époque et des intermédiaires financiers, des marchés et des systèmes développés, l'Afrique sera également en mesure de financer le gouvernement continental et d'autres initiatives stratégiques clés tels que l'Agence spatiale africaine et l'Agence pour les explorations dans l'Arctique et l'Antarctique et l'océanographie. De nouvelles sources de financement émanant des économies de plus en plus croissantes alimenteront la croissance interne. À lui seul, le marché des capitaux africain

[214] NEPAD, *Principaux résultats en matière de développement. Rapport d'activités,* exercice 2015, p.6.

lié par les marchés des capitaux des États membres permettra à l'Afrique de faire face à ses besoins en capitaux d'investissement pour environ 30%. Ainsi, la dépendance de l'aide ne sera qu'une histoire ancienne. »[215]

En raison de ces orientations stratégiques, le NEPAD s'est impliqué dans la construction des infrastructures communes. En 2014, l'organisation a consacré un sommet de chefs d'Etats de l'UA à Dakar au financement de ces différents engagements, notamment en matière d'infrastructures, considérées comme la base de la communication concrète entre les Etats et de la régionalisation pour un accès au développement durable en Afrique. Dans le domaine des infrastructures, ce sommet a défini 16 projets prioritaires touchant à l'énergie et aux transports.

En 2014, il manquait encore 36 milliards de dollars au financement. Pour les trouver, le sommet de Dakar s'est résolu à développer le principe d'un financement endogène, reposant sur le partenariat public/privé en vue de la mise en place des infrastructures de transformation du continent. Il a aussi été décidé d'engager un ensemble d'actions concrètes pour la mise en place des bonnes pratiques budgétaires et commerciales communes aux Etats, en vue d'un financement des infrastructures de développement. Le communiqué final de ce sommet a conclu que « le Sommet de Dakar pour le financement des infrastructures en Afrique 2 a contextualisé le retour de la croissance du continent et l'aspiration d'être la destination future pour l'investissement. Le sommet a conclu que le moment est venu de financer le développement de l'Afrique à partir de sources financières africaines en accord avec les projets de l'AGENDA 2063. Le Sommet a en outre encouragé l'engagement constant des leaders africains de souligner clairement les contraintes liées au financement illustrées par l'important gap de financement des infrastructures, de la sécurité alimentaire et autres secteurs critiques et qui requièrent

---

[215] Commission de l'Union Africaine, *Agenda 2063. L'Afrique que nous voulons*. Projet de document, Mai 2014, disponible sur http://www.africa-platform.org/sites/default/files/resources/au_agenda_2063_french.pdf, p.26.

un accroissement du développement national et de l'intégration régionale. »[216]

Plusieurs autres domaines d'action mobilisent le NEPAD. La réduction de la fracture numérique par la promotion des NTIC (Nouvelles Technologies de l'Information) est l'un des axes majeurs du travail de cette institution. En effet, selon une étude de la Banque Africaine de Développement (BAD), « Le développement de l'Internet est un accélérateur de croissance inestimable. Il existe une corrélation positive entre l'accès à l'Internet à large bande et la croissance du PIB dans les pays en développement. »[217]. Internet est donc un outil de développement économique et social qui peut procurer d'importants dividendes à l'ensemble du continent. Le développement de l'internet profitera « aux services financiers, à l'éducation, à la santé, au commerce de détail, à l'agriculture et à l'administration publique. Selon de récentes études, les gains de productivité liés à la technologie dans ces secteurs pourraient atteindre potentiellement entre 148 milliards à 318 milliards de dollars d'ici 2025 »[218]. Or pour cent utilisateurs africains d'internet, « seuls l'Ile Maurice (50.14) et le Cabo Verde (43.02) franchissent la barre des 40. (…) Un groupe de dix pays peuvent être considérés comme ayant un taux moyen compris entre 10 et 25. On peut citer dans ce lot le Gabon (23.5), la Côte d'Ivoire (21), le Cameroun (20.68), la Mauritanie (15.2), le Burkina Faso (11.39). En queue de peloton, onze des pays de notre groupe (quasiment la moitié de nos pays) se trouvent en dessous du niveau de 10 pour cent dont 7 pays enregistrent un taux d'utilisation de moins de 5 pour cent. A titre d'exemple, le Togo (7.12) la Guinée (4.7), la République Démocratique du Congo (3.8) et le Niger (2.22) sont mentionnés. »[219]

Le NEPAD travaille à l'amélioration d'un accès à coûts modérés à l'internet de qualité. Il procède à l'accompagnement institutionnel de la mise en place des cadres technico-juridiques

---

[216] NEPAD, « L'Agenda de Dakar pour l'Action (ADA) Faire avancer le financement des infrastructures en Afrique » communiqué final fait à Dakar, Sénégal, le 15 Juin 2014, p.6.

[217] BAD

[218] *Idem.*

[219] *Idem.*

pour le développement d'un marché de l'internet en Afrique. A titre illustratif, dans le domaine des TIC (Technologies de l'Information et de la Communication), un câble sous-marin de 10 000 km fabriqué à Maputo (Mozambique) doit relier l'Afrique du Sud au Soudan. Cet équipement sera utilisé pour résoudre le problème de la fracture numérique et développer l'enseignement à distance dans 16 pays.

Au niveau du bilan et dans le cadre de son mandat, le NEPAD revendique des résultats à l'échelle continentale, régionale et nationale. Depuis sa mise en place, l'action de l'Agence s'est concentrée dans six domaines thématiques : l'agriculture, la nutrition et la sécurité alimentaire, les changements climatiques et la gestion des ressources naturelles, les infrastructures et l'intégration régionale, le développement humain (science, technologie et innovation), la gouvernance et l'Avenir rural et les questions transversales (parité entre les sexes, jeunesse et développement des capacités). Dans ces différents domaines, on note une forte participation du NEPAD à l'élaboration, à la mise en œuvre et à la coordination des méthodologies et des programmes divers, ainsi qu'une implication significative dans divers secteurs de la gouvernance et de la connaissance à travers des partenariats et le développement institutionnel[220]. L'Agence est même souvent à l'initiative. Par exemple, le 06 décembre 2015, le NEPAD lançait une « une initiative pour la résilience et la restauration des paysages d'Afrique », qui « sera mise en œuvre à travers la restauration des forêts et des écosystèmes, la conservation de la biodiversité, l'agriculture intelligente, et la gestion des pâturages. La Banque mondiale et le World Resources Institute, en tant que partenaires principaux, soutiennent la mobilisation des ressources financières et techniques à partir de différentes sources pour concevoir et mettre en œuvre des stratégies spécifiques à chaque pays. »[221]

---

[220] Sur le détail de l'ensemble ce ces résultats, voir NEPAD, *Principaux résultats en matière de développement. Rapport d'activités.* Exercice 2015, *op.cit.*, pp.9 et ss.

[221]Banque Mondiale « Le NEPAD lance une initiative pour la résilience et la restauration des paysages d'Afrique », posté le 06 décembre 2015, disponible

4. Le PIDA et le CAADP

Si le NEPAD supervise l'ensemble des programmes lancés sous son égide, il implique plusieurs institutions panafricaines dans la phase d'opérationnalisation. Cette section présente l'échafaudage institutionnel et les mécanismes d'exécution des programmes PIDA et CAADP.

4.1. Le Programme de Développement des Infrastructures en Afrique (PIDA)

Le PIDA est un programme mis en place pour relayer le "NEPAD Medium to Long Term Strategic Framework" – MLTSF. Il s'agit d'« un programme continental qui vise à la mise en place d'une vision, des politiques, des stratégies et d'un programme de développement des infrastructures à l'échelle régionale et continentale : transport, énergie, eau, télécommunications et TIC. Les études sectorielles aboutiront à la préparation d'une analyse détaillée des diverses options stratégiques à adopter pour pouvoir atteindre l'objectif du PIDA qui est le développement des infrastructures de transport, d'énergie, d'eau, de télécommunications et TIC à travers le continent africain. Les diverses consultations/validations qui découleront des ateliers sectoriels au niveau régional et continental constitueront la base de cette stratégie. »[222]

Le PIDA est un programme ambitieux du développement par l'investissement public et privé, l'intégration et l'interconnexion des régions. Ce programme « repose sur l'hypothèse que les pays africains réaliseront un taux de croissance économique de 6 % par an en moyenne entre 2010 et 2040, alimenté par la croissance démographique, la progression des

---

sur http://www.banquemondiale.org/fr/news/press-release/2015/12/06/nepad-launches-initiative-for-the-resilience-and-restoration-of-african-landscapes

222 BAD, « Programme de Développement des Infrastructures en Afrique (PIDA) », disponible sur https://www.afdb.org/fr/topics-and-sectors/initiatives-partnerships/programme-for-infrastructure-development-in-africa-pida/

niveaux d'instruction et d'absorption des technologies »[223]. Il cherche donc à « promouvoir le développement socio-économique et la réduction de la pauvreté en Afrique grâce à la mise en œuvre des réseaux intégrés d'infrastructures régionales. »[224] L'approche du PIDA présente plusieurs avantages stratégiques. Son mandat permet en effet de regrouper tous les programmes continentaux en matière d'infrastructures en un seul programme. Le NEPAD-MLRSF et l'initiative du plan directeur des infrastructures de l'UA sont ainsi regroupés et élargis au continent par le PIDA. Pour se déployer comme programme d'investissement de court, moyen et long terme (2011-2030) dans les infrastructures panafricaines, le PIDA s'est concentré sur quatre secteurs clés : l'énergie, les TIC, l'eau et le transport. Le PIDA met également en place « un cadre d'engagement avec les partenaires du développement du continent africain, qui sont disposés à apporter leur soutien aux infrastructures à l'échelle régionale et continentale. »[225]

La gouvernance du PIDA est assurée par un consortium institutionnel de pilotage placé sous la direction de la Commission de l'Union Africaine (CUA), et qui comprend, outre la CUA, le Secrétariat du NEPAD et la Banque Africaine de Développement (BAD). Mais si le programme d'orientation et d'exécution du PIDA émanent de ce consortium, c'est la BAD qui est l'organe d'exécution de ce programme. Dans ce cadre, « Les responsabilités de la Banque, en sa capacité d'Organe d'exécution, sont d'assurer la passation des marchés et la gestion financière, technique et administrative du projet. »[226]

Plusieurs difficultés sont visées par ce projet : « Le déficit en infrastructure en Afrique conduit à une croissance des coûts de production et des services, une baisse de la compétitivité des

---

223 UA, NEPAD et *ali.*, *Programme pour le développement des infrastructures en Afrique,* p.1, disponible sur file:///C:/Users/dell/Downloads/PIDA%20note%20French%20for%20web%200208.pdf

224 BAD, « Programme de Développement ... », *op.cit.*

225 *Idem.*

226 *Idem.*

affaires, un impact négatif sur le flux des Investissements Directs Etrangers vers le continent. Tout ceci influence le taux de croissance de l'économie et le développement social sur le continent. PIDA a été conçu pour faire face à ce défi en mettant en place une vision commune et un partenariat global afin de développer des infrastructures durables et efficaces avec le but de promouvoir un développement socio-économique et l'intégration de l'Afrique dans l'économie mondiale. »[227]

Graphique n°2 : Le plan d'action prioritaire du PIDA

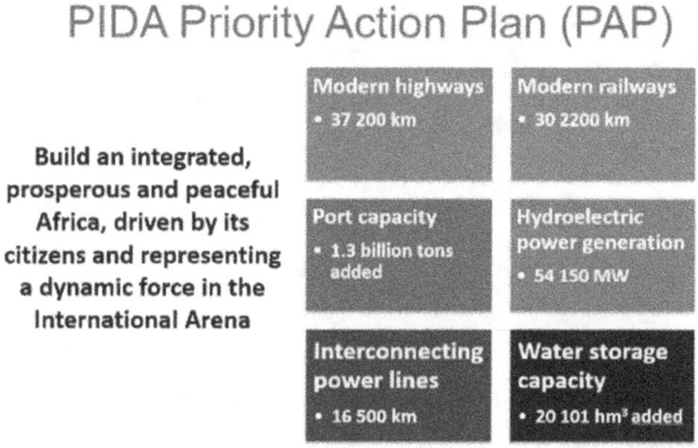

Graphique n°3 : Estimation des besoins par secteur (en millions de dollars américains)

PIDA Priority Action Plan (PAP)

Sector	Number of Projects	Investment Required (Bn. USD)
Energy	15	40
Transport	24	25
Water	9	1.7
ICT	3	0.5
Total	51	67.2

[227] *Idem.*

Graphique n°4 : la gouvernance du PIDA

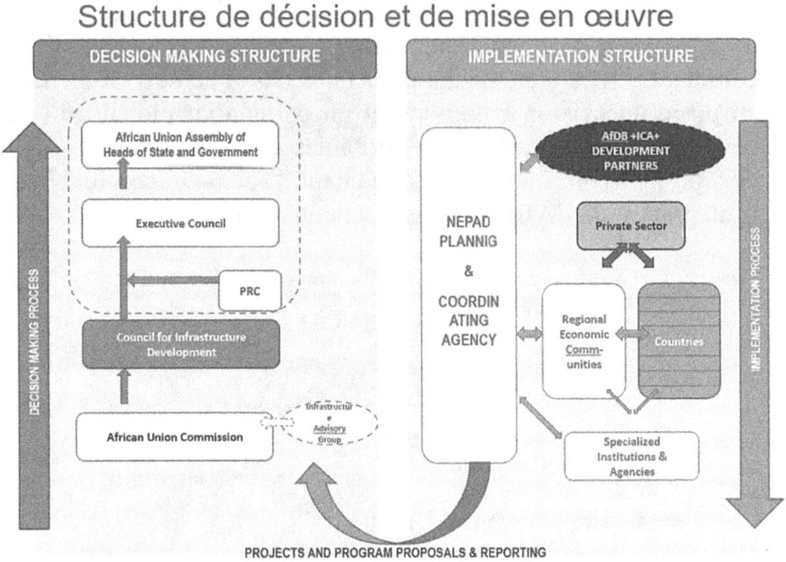

4.2. La Comprehensive Africa Agriculture Development Programme (CAADP)

Le CAADP est le cadre institutionnel du NEPAD pour fédérer les gouvernements, les opérateurs économiques, les paysans et les chercheurs autour de l'idée selon laquelle l'agriculture a un rôle prépondérant dans le développement : « Cette communauté de pratique vise à fournir un espace permettant à ces parties prenantes de partager la meilleure pratique et le meilleur leadership africain susceptibles d'engendrer une croissance économique inclusive, de bénéficier aux petits agriculteurs, de stimuler la production alimentaire et de mettre fin à la faim sur tout le continent. »[228]

[228] "This Community of Practice aims to provide a space for these stakeholders to share best African practice and leadership that have the potential to engender inclusive economic growth, benefit smallholder farmers, boost food production and end hunger across the continent." (NEPAD, "COMMUNITY OF PRACTICE | Comprehensive Africa Agriculture

Le CAADP est l'équivalent anglophone du PDDAA. Déclarée partie intégrante du NEPAD au sommet de l'OUA à Maputo en 2003, le Programme détaillé de développement de l' agriculture africaine (PDDAA) a une vocation continentale : « Ce programme agricole de l'UA-NEPAD a eu de multiples mérites dont celui de renforcer les processus démocratiques, en posant comme principe premier la participation de tous les acteurs concernés, notamment les agriculteurs. Et l'agriculture est bien l'affaire de tous : son développement est une condition d'indépendance nationale car elle permet de s'affranchir de l'insécurité alimentaire qui mine notre souveraineté et fait le lit des mouvements de sédition ; c'est un moteur de croissance dont l'effet de levier est désormais reconnu par les économistes et les politiques ; c'est le secteur qui offre le plus grand potentiel de lutte contre la pauvreté et les inégalités, car il recèle des gisements de productivité dont doivent bénéficier ceux qui y travaillent et qui sont les plus défavorisés. Enfin, les agriculteurs sont les principaux gardiens de notre patrimoine naturel, de nos richesses environnementales et il convient de leur donner les opportunités de conserver et faire fructifier ce capital. »[229]

Selon le Bureau du Conseiller spécial des Nations Unies pour l'Afrique, « L'agriculture joue en effet un rôle déterminant dans les économies africaines, au sein des familles en tant que moyens de subsistances mais aussi au vu des liens étroits qui existent entre l'agriculture et d'autres secteurs. Le PDDAA offre un processus de planification factuel, ayant pour apport principal le savoir et pour facteur central le développement des ressources humaines et des partenariats. En somme, il vise à aligner les intérêts des différentes parties prenantes autour de programmes intégrés adaptés au niveau local. Malgré son envergure continentale, le PDDAA existe par

---

Development Programme (CAADP)", available on http://www.nepad.org/cop/comprehensive-africa-agriculture-development-programme-caadp).

229 I. Assane Mayaki, Secrétaire exécutif du NEPAD, « L'agriculture, levier de la transformation économique de l'Afrique », Avant-propos à NEPAD, *Les Agricultures africaines : Transformations et perspectives* (2013), p.5. Voir sur http://www.un.org/fr/africa/osaa/pdf/pubs/2013africanagriculturesf.pdf

les efforts combinés aux niveaux national et régional pour la promotion de la croissance du secteur agricole et le développement économique. »[230]

Dans ce contexte, le PPDAA est un cadrage panafricain du développement de l'agriculture. Il permet au NEPAD de conseiller des gouvernements par une analyse critique de la situation agricole de chaque pays, afin de soutenir les réformes du secteur agricole et « identifier les opportunités d'investissements avec un retour sur investissement optimal. »[231] Ce programme pose les objectifs suivants : 6% de croissance du PIB agricole par an, une allocation de 10% des dépenses publiques au secteur agricole. L'enjeu est aussi de réduire la pauvreté chez les femmes et les jeunes, par une création d'opportunités et d'emplois nouveaux ; d'améliorer la nutrition et renforcer la résilience.

Pour développer sa stratégie, le PPDAA signe des pactes avec des Etats membres de l'UA. On dénombre, en mars 2015, 41 Etats signataires des pactes du PDDAA. Parmi ces pays, « 33 ont développé des plans d'investissement pour l'agriculture nationale et la sécurité alimentaire. Ces plans servent à cadrer les dépenses pour l'agriculture à moyen terme en vue d'améliorer la planification agricole. À l'échelle régionale, quatre des huit Communautés économiques régionales (CER) ont signé des pactes régionaux. Parmi les quatre signataires, trois ont développé des plans d'investissements complets. De ce fait, les dépenses publiques en agriculture ont enregistré depuis 2003 une croissance moyenne supérieure à 7% par an en Afrique. Les dépenses publiques en agriculture ont autrement dit presque doublé depuis le lancement du PDDAA. »[232]

Il s'ensuit que le PDDAA est un accélérateur du développement agricole dont la vision reste d'actualité. Ce

---

[230] OSSAA, « Le Programme détaillé pour le développement de l'agriculture africaine (PDDAA) », voir http://www.un.org/fr/africa/osaa/peace/caadp.shtml

[231] *Idem.*

[232] *Idem.*

programme a été reconduit pour la période 2015-2025 et inséré à l'agenda 2063 des ODD (voir section 3, *supra*).

5. Les limites du NEPAD

La diversité des contributions du NEPAD au développement des CER par son implication dans les stratégies africaines de régionalisation, sa responsabilité technico-stratégique dans l'Agenda 2063 et sa participation efficace aux ODD montre tous le dynamisme des concepts et des outils développés par cette agence panafricaine. La configuration des projets panafricains dans lesquels l'agence panafricaine est impliquée impose clairement la région comme le socle du modèle économique et social que défend le NEPAD. Dès lors, le principal enjeu de ce plan de développement est de tourner la page de la mythologie de l'Etat développeur et souverain dans laquelle l'Afrique postcoloniale s'était enfermée sans succès. Cette réorientation politique et méthodologique, qui résulte d'une initiative endogène, est cependant soumise à des contraintes et à des limites que certains travaux institutionnels et académiques n'ont pas manqué de relever.

Pour conclure, nous pouvons indiquer que l'Afrique a besoin d'investir 93 milliards de dollars américains par an dans ses infrastructures. L'enthousiasme du NEPAD ne doit donc pas faire oublier que « les problèmes de financement sont le principal frein à l'intégration de l'Afrique. Les Communauté économiques régionales disposent de capacités et de ressources limitées, d'où les écarts substantiels entre les ambitions et la réalité. »[233] Pour sa part, Henning Melber a indiqué que par-delà le sens de la précision des projets bien ciblés et socialement attendus, le véritable enjeu du NEPAD est d'avoir considéré au plus haut point les notions de démocratie et de bonne gouvernance comme essentielles au programme de développement en Afrique. Cette option contraste bien avec les approches souverainistes du développement proposées au lendemain des indépendances, et qui résistent au changement.

---

[233] Papa Lafatime Sène, *Les initiatives d'intégration en Afrique,* Pierre Mendès France Grenoble II - Master de Droit international public et européen 2005.

Chapitre 7 : Renouveler la pensée régionale

« L'Afrique écrira sa propre histoire et elle sera au nord et au sud du Sahara une histoire de gloire et de dignité. »

Patrice Lumumba.
Extrait de la dernière lettre qu'il adressa à son épouse

On conviendra que depuis les indépendances, des tentatives multiples et à vocation régionale ont émaillé l'histoire du développement de l'Afrique contemporaine. On peut voir dans le panafricaniste de Kwame Nkrumah le dépassement des frontières nationales et géopolitiques héritées de la colonisation franco-britannique et hispano-lusophone pour construire l'unité africaine à partir de grands pôles régionaux. Si l'Afrique anglophone était quelque peu régionaliste et intégrationniste, on a vu, à l'opposé, que certains chefs d'Etats francophones (S. Senghor, Houphouët-Boigny, etc.) ont voulu, dans les années 1960-1970, incarner un leadership en capitalisant sur le rôle-pivot des capitales de leurs pays dans l'ensemble colonial : ce fut le cas pour Dakar et Abidjan, épicentres de l'économie politique de l'Afrique Occidentale Française (AOF), et de Brazzaville, qui jouait le même rôle en Afrique Equatoriale Française (AEF). Dans tous les cas, les stratégies politiques et les entreprises individuelles des chefs d'Etats qui cherchaient à recomposer l'espace postcolonial en vue d'une intégration régionale ont échoué. Tout au long de ce livre, on a vu comment la guerre froide et le tournant communiste de Nkrumah, le souverainisme et l'approche tacticienne de certains leaders politiques ont eu raison de la capacité des pouvoirs d'Etat à produire des entités régionales fiables. Il faut passer à autre chose : ce chapitre final esquisse quelques pistes pour une régionalisation réaliste. L'enjeu est de sortir la régionalisation des grandes idéologies du panafricanisme candide des années d'indépendance et d'un régionalisme porté par des leaders régionaux « naturels » : de toutes les façons, de telles approches sont mortes ou sont aujourd'hui totalement essoufflées. Ce chapitre prospecte sur les conditions de possibilité d'une régionalisation africaine efficace. Et pour que cette utopie nouvelle soit réalisable, le pragmatisme sera placé au centre de toute pensée de la régionalisation africaine. Il faut en effet sortir la régionalisation incantatoire des grandes idéologies anciennes et dépassées et de la grande confusion actuelle, due sans doute à l'effet de mode, autour de cet outil stratégique qui fait de la régionalisation un simple faire-valoir de l'action institutionnelle en matière de développement du continent. La régionalisation doit tenir compte des possibilités africaines, autrement dit des véritables ressources programmatiques mobilisables en vue du développement du continent. L'équation est celle de la régionalisation adéquate, qui se résout grâce à trois postulats complémentaires : africaniser la régionalisation, développer un modèle participatif et non souverain et en faire la cause individuelle d'acteurs convaincus et déterminés.

1. Africaniser la régionalisation

L'africanisation est le premier précepte de la régionalisation. On observe en effet dans les débats en faveur de la régionalisation qu'il s'agit chaque fois d'une adaptation africaine d'une idéologie et d'une expertise importées. Pour comprendre pourquoi il faut sortir du virus de l'extraversion, nous tenterons de revenir sur deux situations historiques qui sont aussi des tentatives manquées de régionalisation, en raison de cette affiliation aux idéologies importées qui travaillent derrière l'échec de plusieurs générations ou tentatives de régionalisation en Afrique.

1.1. Echec du « panafricanisme » importé

La première situation historique est celle du panafricanisme, figure matinale et victime du virus de l'extraversion. Nous avons déjà indiqué qu'à son lancement, le panafricanisme, qui est la grande idéologie africaine des années 1960, ne pouvait pas faire l'économie d'une régionalisation *a minima*, ne serait-ce que comme socle d'étape à une unité africaine fondée sur l'unification de différents blocs hérités de la colonisation. A ce sujet, le panafricanisme n'a probablement pas convaincu comme idéologie du développement au lendemain des indépendances parce que les Etats voisins, parfois issus de la même entité coloniale, n'avaient pas réussi à trouver une entente à l'échelle des sous-régions pour enrichir des débats à caractère panafricain et continental. Historiquement, des présidents de néo-républiques, jaloux de leur indépendance, puis la crise de leadership entre les premiers chefs d'Etats de l'AOF indépendante (Senghor, Houphouët-Boigny, Modibo Keita) sont les symptômes de l'impossible panafricanisme de voisinage, qu'on appellera « régionalisation de fait ». En effet, si le fait régional concerne avant tout la capacité des pays voisins à mutualiser leurs efforts pour résoudre les problèmes structures qui se posent conjointement à leurs économies et territoires, on peut prétendre que c'est l'absence d'un « intérieur » constitué par des voisins qui a plombé le panafricanisme. Cette approche du développement de l'Afrique a donc échoué, faute de dénominateur commun entre pays voisins, parfois de même culture et de même structure ethno-démographique. Encore une fois, l'Afrique de l'ouest aurait pu servir de socle et de modèle à l'intégration africaine, du fait de la persistance des traces des grands empires sahéliens (IXème-XVIIème siècles) dans la personnalité de base des populations contemporaines. Ces traces se retrouvent dans les noms de castes, les formes de l'organisation du pouvoir dans les lignées, la parenté et les systèmes d'alliances matrimoniales, etc. La persistance des Etats tribaux (Peulhs, Haoussa, Touareg, etc.) par-delà les frontières souveraines héritées de la colonisation montre bien que ces territoires regorgent des ressources à « panafricaniser ». Kwame Nkrumah[234] et Cheick Anta Diop[235] ne faisaient-ils pas

---

[234] Nkrumah, Kwame. *L'Afrique doit s'unir,* traduit de l'anglais par L. Jospin. Paris. Présence Africaine (1994).

[235] Diop C. A., *L'unité culturelle de l'Afrique noire.* Paris : Présence africaine, 1982.

l'éloge de la proximité culturelle comme socle de l'unité africaine ? Or si cette approche imposait de fait la régionalisation comme point de départ d'une conscience panafricaine, celle-ci devenait politiquement impossible au vu de l'intangibilité des frontières héritées de la colonisation, que les pères fondateurs de l'Organisation de l'Unité Africaine (OUA) se sont empressés d'inscrire dans les textes organiques de cette institution qu'ils chargeaient paradoxalement de l'objectif de réaliser le projet unitaire. Le maintien du *statu quo* territorial colonial, qui imposait la souveraineté des Etats comme le paravent absolu contre la reprise ou la naissance des conflits ethno-frontaliers et la tentative de balkanisation des entités faibles par les Etats trop puissants, était le ver dans le fruit panafricain.

Au-delà de cette explication sociohistorique et géostratégique, le désenchantement du panafricanisme peut se comprendre sur le fond par le fait que la greffe de cette idéologie d'importation ne pouvait pas tenir, et pour cause. Comme il a déjà été souligné, le panafricanisme est une idéologie d'émancipation portée par la diaspora africaine issue de la fin de l'esclavage. Il s'agit d'un activisme de la classe moyenne de cette diaspora, et plus particulièrement de ses élites, et qui rêvent de retour sur le continent africain ou de meilleures considérations sur leur désormais terre de vie et d'exil forcé. L'avocat afro-britannique Henry Sylvester Williams, l'afro-américain et libérien Edward Blyden et Anténor Firmin, le penseur et politicien haïtien sont les pères fondateurs anglophones du panafricanisme. Leurs disciples anglophones de l'Afrique postcoloniale (Jomo Kenyatta, Julius Nyerere et Kwame Nkrumah) parlaient à un continent qui n'avait pas subi la déportation comme les Afro-américains et Caribéens à l'origine du panafricanisme, et qui, surtout, avaient d'autres soucis que celui de l'émancipation. En effet, la décolonisation a coïncidé dans la plupart des sous-régions africaines avec une lutte pour la (sur) vie qui reportait les débats sur l'unité du continent et sur la coopération entre les Etats aux calendes grecques. Certains facteurs de crises s'étant amplifiés au fil du temps, c'est à l'unité intérieure de la plupart des sociétés africaines que le politique s'est durablement consacrées. De ce point de vue, « le combat pour la « ré-africanisation » du continent n'a jamais produit de résultats tangibles en raison notamment de l'opposition de forces puisant l'essentiel de leurs ressources dans le renforcement de la souveraineté nationale et dans l'attachement aux relations économiques privilégiées avec l'ancienne puissance coloniale. »[236]

1.2. De l'Etat développeur à l'APD de 5ème génération

La deuxième situation historique est celle de l'échec de l'Etat développeur pourtant soutenu par les institutions internationales et la coopération bilatérale. Cet échec, qui a conduit dans la plupart des pays à des dictatures et partout à des plans d'austérité dans l'Afrique contemporaine dès le milieu des années 1980, a renforcé le décrochage du continent et introduit le néolibéralisme. Il a surtout drainé l'entrée en scène, depuis les années 2000, d'une nouvelle idéologie du développement qui marque le renouveau de l'extraversion : cette nouvelle idéologie consiste à dire que le développement de l'Afrique passe par la régionalisation. Ce tournant est porté par la gouvernance globale qui pense le développement de l'Afrique à partir des bureaux des chancelleries occidentales ou des agences onusiennes. La tendance actuelle à la régionalisation est un effet de ces évolutions dans la volonté de la gouvernance globale de toujours prescrire de l'extérieur ce qui est bon pour le développement de l'Afrique. Nous montrons ici que sur deux points au moins, régionaliser aujourd'hui prolonge la modernité de ce déterminisme extérieur : les principes de gouvernance globale et l'entrée de l'Afrique dans les échanges mondiaux.

Sur la gouvernance globale, il faut dire que les années 2000 ont marqué un moment de renouvellement théorique et programmatique important. Le recours à la régionalisation pour doper l'apport intérieur au développement est l'un des marqueurs de ce changement.

---

[236] Fall, Papa Demba « État-nation et migrations en Afrique de l'Ouest: le défi de la mondialisation. », draft article of *The Migration Without Borders* Series, UNESCO (2004). p.4.

Mais pour bien situer ce renouvellement, il faut comprendre le nouvel esprit de l'appui au développement du continent comme le fait d'une époque où les donneurs d'ordre et de fonds constatent que n'ont pas fonctionné les quarante ans de modernisation d'une Afrique portée à bout de bras par l'Etat développeur et l'aide bilatérale. Au tournant du millénaire, le renouveau de cette modernisation passait par la résolution de la crise de l'Aide Publique au Développement (APD). De 0,32% du PIB des pays du Comité d'Aide au Développement (CAD) de l'OCDE en 1992, l'APD était passée à 0,21% en 1997. Trois rapports institutionnels ont alors défendu l'idée que les Objectifs du Millénaire pour le Développement (OMD) actés en 2000 par 189 pays, ne pouvaient avoir d'effets que si on augmentait substantiellement l'APD. Ainsi, le « Rapport Landau »[237], commandé par le gouvernement français, recommandait de lever une taxe internationale pour financer l'aide au développement. Les Nations Unies étaient également à l'initiative par le biais du « Rapport Sachs »[238], qui recommandait d'élargir les sources de financement des OMD. Enfin, le « Rapport Blair »[239] présentée au nom de la Commission des Nations Unies pour l'Afrique demandait un doublement de l'aide au développement.

En même temps, ces rapports préconisaient un changement dans le paradigme de l'APD et défendaient une « aide de cinquième génération » dont l'historique a été présenté par Jean David Naudet[240] que nous suivrons tout au long de ce paragraphe. Pour lui en effet, dans l'APD, le « paradigme industrialiste » est apparu le premier dans les années 1960. Il s'agissait d'« un projet clairement tourné vers le rattrapage

---

237 Landau, Jean-Pierre. *Les nouvelles contributions financières internationales: Rapport au Président de la République.* La Documentation Française, 2004.

238 Sachs, Jeffrey D. *Investir Dans Le Développement: Plan Pratique Pour Réaliser Les Objectifs Du Millénaire Pour Le Développement.* Millennium Project, 2005.

239 La Commission pour l'Afrique, *Notre intérêt commun : rapport de la Commission pour l'Afrique,* 2005.

240 Naudet Jean-David, « Les OMD et l'aide de cinquième génération. Analyse de l'évolution des fondements éthiques de l'aide au développement », *Afrique contemporaine*, 2/2006 (n° 218), p. 141-174.

(justice corrective) et à partir d'un diagnostic plutôt situationnel (les cercles vicieux de la pauvreté) effectué au niveau des nations. L'aide s'inscrit dans une dimension temporaire et doit susciter des effets autoreproductibles. L'approche est perfectionniste : il existe un modèle universel de développement et l'aide s'inscrit dans ce modèle, à hauteur des besoins des pays receveurs. L'instrument caractéristique de la période est le projet économique d'investissement. »[241] Dans les années 1970 marquées par le « tiers-mondisme » apparaît le paradigme de deuxième génération où « l'aide s'inscrit dans une logique de justice procédurale redistributive à l'échelon mondial. Elle découle en premier lieu d'une responsabilité internationale (quant aux causes et aux issues de la pauvreté des nations) et doit être attribuée comme un droit selon les besoins et utilisée indépendamment de modèles universels imposés par le donateur. »[242]. Le paradigme de troisième génération apparaît dans les années 1980 au plus fort de la crise du modèle néo-patrimonial de l'Etat-développeur africain. La libéralisation est le principal marqueur de ce paradigme : « C'est partiellement un retour à une approche développementale, qui présente de nombreux points communs avec le paradigme industrialiste. Le souci de justice est réitéré sur une base correctrice temporaire et dans un but exclusif d'efficacité en faveur de la croissance. Un nouveau modèle perfectionniste, à vocation universelle, s'impose. Toutefois, ce modèle fait apparaître les responsabilités dispositionnelles des pays pauvres sur leur situation. L'aide conditionnelle devient le nouvel instrument de mise en œuvre du modèle de libéralisation. La période est évidemment marquée par le prêt d'ajustement structurel. »[243] Le paradigme de quatrième génération est celui de la crise de l'APD, déjà décrite. Apparue dans les années 1990, cette crise est marquée par deux faits : « l'adoption de la lutte contre la pauvreté comme objectif universel (du fait de l'individualisation du fondement éthique de l'aide) et donc l'entrée dans une logique humaniste d'une part et la préoccupation centrale de

---

241 *Ibid.*, p.168.
242 *Ibid.*, p.168-169.
243 *Ibid.*, p.169.

gouvernance d'autre part, qui place les institutions au centre du développement. »[244] Il est possible de considérer les OMD comme le paradigme de cinquième génération inspiré par l'ensemble des recommandations contenues dans les différents rapports sur l'APD. Ce paradigme marquerait « un certain retour vers un souci de justice procédurale dans le cadre de la mondialisation, ainsi qu'à une aide plus redistributive, plus automatique et davantage basée sur un diagnostic situationnel (…) Il équilibre humanisme et souci redistributif. Il est fortement conséquentialiste, accorde également une bonne place aux responsabilités dispositionnelles (gouvernance) et adopte partiellement une logique sélective. »[245]

Il est clair que le recours à la régionalisation comme outil stratégique de développement parmi d'autres relève des « responsabilités dispositionnelles (gouvernance) » de l'APD de cinquième génération. L'exigence d'une productivité intérieure pour soutenir l'impulsion de l'APD invite la gouvernance publique à lutter contre la pauvreté en mutualisant parallèlement les ressources et outils de la productivité. Certes, le cœur des OMD sont en effet la redistribution et les dépenses sociales (santé, scolarisation, recul de la pauvreté, etc.), qui sont des objectifs statiques. Mais plusieurs critiques ont amené à promouvoir des objectifs dynamiques et à exiger la croissance : une dimension économique reste nécessaire à la durabilité des effets de l'aide. La région apparaît dès lors comme un levier interne de la croissance et une niche de développement pour contrebalancer le peu d'effets économiques immédiats des objectifs statiques. Les agences onusiennes (FMI, BM, ONUDI, FNUP, etc.) ont alors bon droit de considérer la régionalisation comme une ressource et un aspect saillant de la « bonne gouvernance » et du développement soutenu, au même titre que l'assainissement des finances publiques, la démocratie et la justice sociale.

Il s'ensuit que les gouvernements africains sont quelque peu poussés à une marche forcée vers la régionalisation, au nom des paradigmes de l'APD construits ailleurs au cœur des agences

---

[244] *Idem.*

[245] *Ibid.*, p.170.

onusiennes qui ont fait du développement de l'Afrique leur spécialité. Il n'a échappé à personne que le NEPAD, que nous avons présenté au chapitre précédent comme la forme d'expression la plus aboutie et jusque-là connue de la volonté politique de régionaliser l'économie africaine de l'intérieur, est contemporain de cette montée en puissance de l'APD de cinquième génération, et dont les OMD sont l'une des formes d'expression. Le principal enjeu du NEPAD est d'ailleurs de rattraper le retard de l'Afrique sur la scène de cette économie globale dont aucun centre ne se trouve en Afrique. De ce point de vue, le NEPAD confirme l'idée d'une régionalisation externalisée, dépendante des logiques du système global qui peine à s'arrimer le wagon Afrique.

1.3. Régionaliser à partir du local

A partir de ces développements, l'idée d'une africanisation de la régionalisation s'affirme contre la dynamique très forte de l'arrimage de l'Afrique aux paradigmes de l'APD qui fondent, légitiment et imposent des cadres structurels au développement de l'Afrique à partir du dehors. La force de ces dynamiques donne à voir que le continent ne se montre pas en capacité de concevoir elle-même sa régionalisation à partir du local et on peut en effet constater que c'est en l'absence de toute organisation et de toute vision africaine spécifique et affirmée en matière de développement endogène que s'imposent la gouvernance globale importée. Or ce que les APD de cinquième génération ont imposé par le truchement des OMD, c'est une pensée unique et un programme du développement que certains spécialistes[246] jugent trop ambitieux pour ne pas dire utopiques et irréalisables, avec de surcroît un risque très élevé pour les Etats faibles[247] susceptibles de disparaître sous des formes de

---

[246] Clemens, Michael A., Charles J. Kenny, and Todd J. Moss. "The trouble with the MDGs: confronting expectations of aid and development success." *World development* 35.5 (2007): 735-751.

[247] Sur ce point, voir les réflexions de Fukuyama, Francis, and Denis-Armand Canal. *State building: gouvernance et ordre du monde au XXIe siècle*. La Table ronde, 2005.

régionalisations inégales qui ne profiteraient qu'à des pays noyaux durs régionaux.

La régionalisation africaine doit se sortir du piège d'une approche idéologique externalisée qui marche allègrement sur ses propres logiques indigènes. Pour régionaliser, il faut penser à partir du local et des contraintes de souveraineté parfaitement étudiées et maîtrisées. Cela veut dire que, si les APD, les OMD et les hommes providentiels ont placé le volontarisme et le charisme au premier plan des ressources nécessaires au projet régional, il faut aujourd'hui une approche plus froide et assurée qui place la maîtrise scientifique des problèmes locaux au premier plan des ressources nécessaires à la régionalisation africaine. De ce point de vue, nous entendrons par local l'ensemble des nécessités et des demandes de proximité adossées aux structures géographiques et territoriales ainsi qu'à l'histoire et aux caractéristiques socioculturelles du milieu que la science est seule en capacité de mesurer. L'apport de l'écologie du milieu en différentes matières (ressources naturelles, potentiels économiques, comportement politique et culturel des populations, etc.) est de ressortir certaines contraintes et potentiels nécessaires à l'action politique.

En effet, c'est l'ensemble de ces données et variables qui fondent une vie sociale, économique, territoriale ou nationale, et se constituent comme des ressources locales qui se placent ou doivent être placées au cœur des problématiques de développement devant être portées et articulées et portées par l'action politique. Tout projet de régionalisation doit se prévaloir de cette maîtrise cognitive de la vie locale. Pour ainsi régionaliser, il faut partir de l'inventaire de ces données qu'il faudra ensuite confronter entre pays voisins dans le cadre des régions ou provinces frontalières, ou qui partagent une histoire commune par rapport à des évènements marquants et pertinents. C'est cet inventaire qui permet de définir les pôles de coopération économique, de renforcer l'existant en matière économique, culturel et démographique, et de définir des politiques d'échanges régionaux. L'ensemble de ces données constitue le cœur des contraintes de souveraineté, qui, dans notre vision, ne représentent pas les limites du pouvoir politique, mais le cadre dans lequel le pouvoir politique doit s'exercer dans chaque pays et indépendamment des affiliations idéologiques des entrepreneurs politiques et des considérations partisanes. Les contraintes de souveraineté représentent ce que tout pouvoir politique est en devoir de faire pour sa population à l'échelle de chaque Etat, au nom de son inscription dans un ensemble géographique et sociohistorique sous régional où des contraintes objectives, parce qu'analysées et projetées scientifiquement, s'opposent à toute volonté illusoire de mener seul à bien la résolution des problèmes qui freinent le progrès de la population. En d'autres termes, l'ensemble des problèmes de souveraineté nationale impossibles à résoudre sans l'apport de l'échelle régionale constituent le domaine de contraintes de souveraineté.

L'africanisation de la régionalisation, c'est l'art et la manière d'articuler savoir (local), pouvoir (national) et action (régionale). De ce point de vue, le coût de la sous-intégration des pays africains et de la prolifération des monnaies sur le continent sont de grands sujets de recherche en vue de l'approche programmatique de la régionalisation. La question du Franc CFA est emblématique des problématiques de l'africanisation de la régionalisation, qui doit être financée de l'intérieur en mobilisant ou en rapatriant les ressources africaines. De ce point de vue, le président tchadien Idriss Deby a formulé la requête politique suivante : « Le moment est venu de revoir en profondeur les accords monétaires qui nous lient avec la France. Là-dessus, je suis formel. Je ne renie pas pour autant le franc CFA, mais il doit devenir la vraie monnaie souveraine des États qui l'utilisent. La situation actuelle, où le compte d'opérations des exportations de quatorze pays africains est géré par le Trésor d'un pays européen, fût-il l'ancienne puissance coloniale, ne peut pas perdurer éternellement. Cette période, qui dure depuis soixante-dix ans, est dépassée. Il faut que les autorités françaises acceptent d'examiner avec nous ce qui, dans nos accords, marche ou ne marche pas. Le franc CFA est certes un facteur d'intégration très important, mais là où le bât blesse, c'est que nous n'avons pas la possibilité de placer ne serait-ce qu'une partie de nos ressources dans le circuit bancaire pour qu'elles génèrent des intérêts. Les sommes en jeu se chiffrent en dizaines de milliards. Soyons lucides : la façon actuelle dont est géré le franc CFA est un frein au développement de nos pays. Réviser nos accords avec la France est absolument nécessaire et incontournable. »[248]

La régionalisation s'africanisera ou ne sera pas : les modèles importés et l'ensemble des paradigmes de l'APD sont trop fragiles ou ont fait long feu. Pour tenir sur la durée et porter des fruits, la régionalisation doit épouser les contours sociologiques et culturels de l'Afrique contemporaine en raison des différents challenges propres qui sont ceux du continent et de personne d'autre. L'enjeu de cette option, qui place l'expertise au chevet et avant la volonté politique, est de mettre la pression sur les élites politiques pour que la régionalisation devienne un enjeu de développement durable et une ressource dont l'importance stratégique est fondée sur la parfaite connaissance des configurations et des problèmes locaux. Cette connaissance peut seule avoir raison des considérations tribales, nationalistes et patrimoniales qui bloquent si souvent les processus de régionalisation dans l'Afrique postcoloniale. Elle peut aussi peser sur les négociations entre pays voisins pour l'exportation des ressources de la production des Etats continentaux par des voies maritimes des voisins qui en possèdent. De ce point de vue, termes et gains de l'exportation du pétrole tchadien par le port de Kribi au Cameroun, exportation de la production cotonnière malienne ou burkinabè par les ports de Conakry, d'Abidjan ou de Lomé peuvent être repensées et réévaluées dans les cadres d'une perception plus large de la communauté d'intérêts entre les Etats protagonistes. De ce fait et à l'échelle des régions du continent, les contraintes de souveraineté induisent une prospection stratégique permanente dans le sens d'une maîtrise des risques (conflits, grande pauvreté, etc.), de la coopération et du développement du potentiel géologique (minerais, énergies fossiles) et humain (démographie, éducation, culture, migrations, etc.). La carte suivante expose certains problèmes qui peuvent être portés à la prospection scientifique et stratégique en vue d'une mise en

[248] Idriss Deby, entretien au journal *Jeune Afrique*, publié le 06 février 2017. Disponible sur http://www.jeuneafrique.com/mag/398067/politique/idriss-deby-itno-lieu-de-donner-lecons-loccident-ecouter-avis/

place de ces contraintes de souveraineté à l'échelle des institutions sous régionales par exemple.

L'Afrique : Un continent "riche" miné par les fractures économiques et sociales

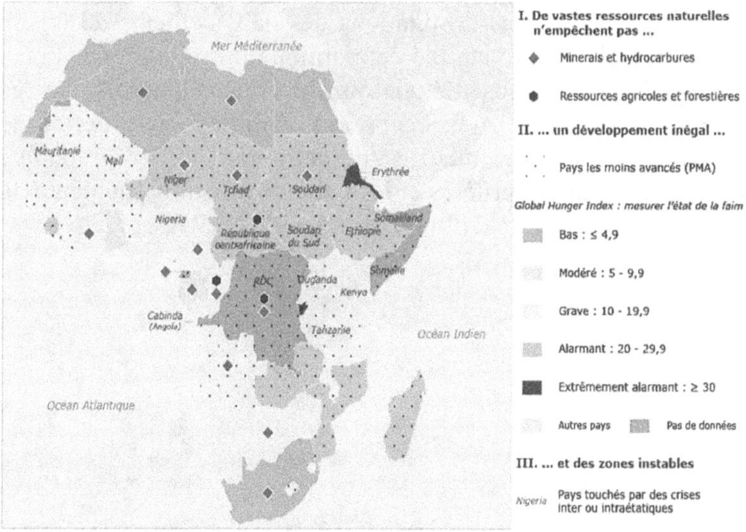

© août 2015 - C. Bezamat-Mantes / Diploweb.com
Conception de la carte et de la légende : C. Bezamat-Mantes, P. Le Pautremat. Réalisation : C. Bezamat-Mantes
Sources : PMA : CNUCED (2014) ; Global Hunger Index : IFPRI (2014) ; Ministère des Affaires Etrangères (juillet 2015)

2. Pour un modèle participatif

Ce paragraphe expose le deuxième postulat de la régionalisation africaine, qui est celui de la nécessité d'un *modèle participatif.* Il n'a échappé à personne en effet que l'ensemble des projets et des actions encourageant la régionalisation sont le produit d'une gouvernance globale prescriptive et distributive ou des institutions étatiques et panafricaines qui agissent par le haut. On doit reconnaître que l'un des effets positifs de cette approche du haut en bas *(up-down approach)* a été la mise en place d'un indice d'intégration régionale en Afrique (IIRA). Mise en place par la coopération entre la Banque africaine de développement (BAD), la Commission de l'Union africaine (CUA) et la Commission économique pour l'Afrique (CEA), l'. IIRA « a pour but de collecter et centraliser les données sur les impacts de l'intégration régionale et d'en donner une vue globale sur le continent. »[249]. Le rôle de l'IIRA est de montrer que l'intégration compte, et qu'elle a des effets sur « les types d'achats que réalisent les consommateurs, sur la diversité de l'offre sur les marchés locaux, sur la fluidité des déplacement des citoyens entre les pays, sur les destinations des déplacements de loisirs ou de travail, sur la viabilité économique des communications, sur les choix des lieux d'étude ou d'éventuels emplois, sur les modalités de transfert d'argent aux familles ou d'octroi de capitaux pour le lancement d'une entreprise. »[250]Le graphique suivant présente les critères et les indicateurs qui participent à la construction du modèle d'interprétation de l'IIRA.

[249] BAD, « Indice de l'intégration régionale en Afrique : l'Afrique de l'Est ouvre la voie, selon le nouveau rapport », disponible sur https://www.afdb.org/fr/news-and-events/article/east-africa-leads-the-way-in-regional-integration-says-index-15554/

[250] CUA/BAD/CEA, « Indice de l'intégration régionale en Afrique Indice de l'intégration régionale en Afrique », publication de l'Union Africaine, Rapport 2016, p.1.

Graphique n°5 : critères et indicateurs du modèle de l'IIRA

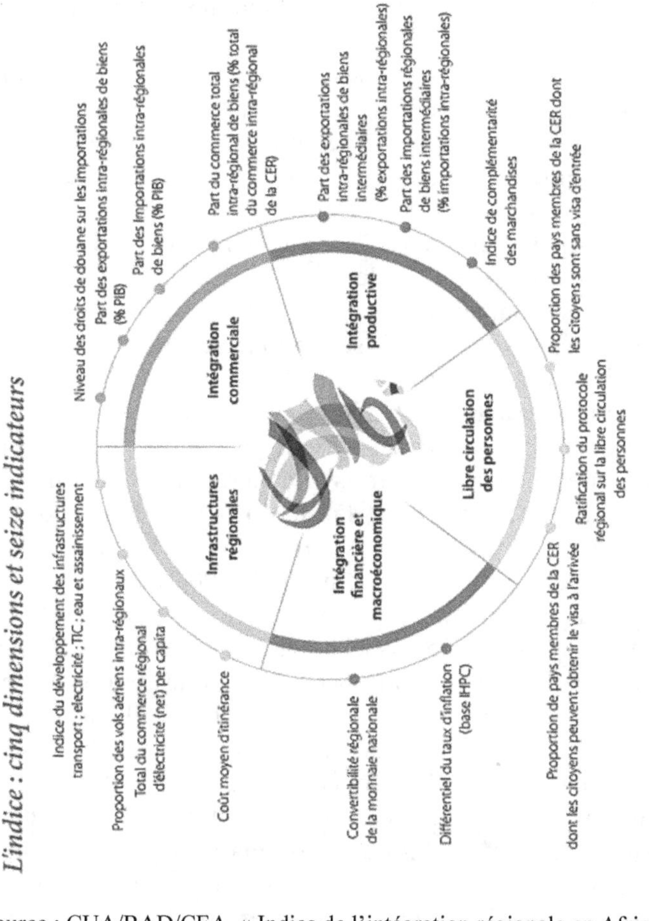

Source : CUA/BAD/CEA, « Indice de l'intégration régionale en Afrique Indice de l'intégration régionale en Afrique », publication de l'Union Africaine, Rapport 2016, p.11.

En dépit de la pertinence de l'IIRA, il faut noter que la société civile a été la grande absente des différents processus de son élaboration. Certes, ce qui tient lieu de société civile africaine a été quelque peu sollicité pour la distribution de l'APD au travers du canal de différentes ONG et de nombreuses catégories socioprofessionnelles impliquées dans l'expertise sociale. Cette société civile a même été grassement instrumentalisée dans ce processus avant de s'imposer comme un interlocuteur structurant de l'action internationale. Pour s'en rendre compte, il suffit de lire la charge de Jean-François Bayart, qui considère la société civile comme « un mot de *pidgin*, une ingénierie des relations internationales qui permet aux acteurs du monde hétéroclite de globaliser de concert »[251]. Pour Bayart, ce « babillage n'est pas sans effet pervers » : il voit d'un mauvais œil le fait qu'« il n'est plus une politique de développement qui n'associe d'une manière ou d'une autre cette fameuse société civile »[252]. De fait, la société civile peut être perçue comme un monstre ou un avatar dangereux de la globalisation, qui vampirise partout les pouvoirs politiques contraints de les suivre et sert de paravent à une action internationale autrement dépourvue d'expertise sociale. Cette situation a été aggravée en Afrique par l'existence des pouvoirs autoritaires pendant les trois premières décennies d'indépendance où la société civile, là où existait quelque chose qu'on nommait de ce vocable, était un instrument et un relais de l'Etat développeur. A partir des années 1990, l'entrée dans l'ère néolibérale s'est faite pour la société civile au travers de la création spontanée d'associations et de groupes d'expertise improvisés, à qui revenait la responsabilité de transformer les sociétés africaines au moment où les bailleurs de fonds tournaient systématiquement le dos aux pouvoirs d'Etats rentrés en faillite et contestés par les couches populaires.

En même temps, force est de constater que « Dans un grand nombre de pays d'Afrique sub-saharienne, la société civile commence à jouer un rôle de plus en plus déterminant dans l'évolution de la démocratie. Elle est généralement composée de personnes publiques comme des femmes et des hommes d'affaire, des commerçants, des enseignants, des intellectuels, des journalistes, des étudiants, parfois des fonctionnaires (quand l'Etat ne leur interdit pas...), sans oublier des ONG et diverses associations, etc. Il existe aussi toute une frange de jeunes

---

[251] Cité par Laville, Jean-Louis, et *al. Association, démocratie et société civile*. La Découverte, 2010. Introduction, p.7.
[252] *Idem.*

diplômés chômeurs qui n'ont que peu d'espoir de trouver un jour un emploi, et donc de pouvoir se marier et vivre une vie citoyenne normale. »[253]. On ne peut pas évacuer l'existence d'une prise de conscience, africaine, de la nécessité de construire les bases durables d'une vie sociale en dehors des arcanes du pouvoir politique et de la bureaucratie d'Etat. Les citoyens sont conscients qu'il faut renouveler la société civile et lui donner un rôle dans le devenir de l'Afrique contemporaine en crise. Dans ce cadre, Françoise Nduwimana, a mis le doigt sur le devoir d'inventaire à propos de la société civile africaine, constatant avec lucidité que « Face à la réédition de l'histoire, une histoire de violence économique et politique, qui renaît sous des formes différentes et sophistiquées, la renaissance de l'agir collectif devient un impératif de redressement pour l'Afrique subsaharienne. Cependant, en contexte de crises politiques et économiques post coloniales, l'agir collectif s'exprime par des voies non traditionnelles. Du temps de la lutte pour l'indépendance, la mobilisation populaire était structurée et encadrée par les partis politiques. Or les crises actuelles auxquelles l'Afrique subsaharienne fait face, si elles traduisent l'iniquité des relations Nord Sud, démasquent également l'échec des pratiques politiques proprement africaines. »[254]. A partir de ce constat, il est clair que la société civile africaine est un enjeu de la modernisation sociale et qu'il est urgent de repenser cette force utile à la démocratisation de la vie civile et de l'action gouvernementale sur le continent pour en faire un acteur majeur de la régionalisation. Nous entendons par-là qu'une régionalisation réelle et utile ne peut se passer d'une véritable société civile portée par la créativité humaine et le désir commun de progrès social. Et pour trois raisons.

La première raison est que la société civile créatrice et critique est le garant de la fiabilité et de la vitalité du libéralisme politique qui s'empare progressivement de la

---

[253] Bernard UGEUX, « La société civile en Afrique : fragile et déterminée », tribune du 17/02/2016 dans *La vie. Lettres d'Afrique,* disponible sur http://www.lavie.fr/blog/bernard-ugeux/la-societe-civile-en-afrique-fragile-et-determinee,4604

[254] Nduwimana, Françoise. *Société civile africaine: enjeux et perspectives d'une prise de conscience*. Partnership Africa Canada, 2004, introduction, p.2.

gouvernance africaine. Ouverte et dynamique, elle se constituerait et apparaîtrait dans les rapports entre Etats voisins comme une force de propositions et de vigilance citoyenne transfrontalière. Lieu de confrontations, de maturation et incubateur d'idées pour faire émerger le sens commun sur des questions transversales aux Etats voisins, cette société civile transfrontalière modère les débats de fond sur l'avenir des régions et ouvre des pistes d'actions qui précèdent l'action politique. La société civile créatrice a une vocation de veille sociétale qui construit et structure le sens commun. Adam Ferfusson a en effet écrit il y a bien longtemps que c'est le « sens commun qui, en luttant contre les vues particulières des individus et les prétentions des partis, peut être regardé comme le grand législateur des nations »[255]. Dès lors, la vitalité des catégories socioprofessionnelles et des organisations socioculturelles et économiques non politisées devient la base d'une recherche permanente du progrès social dans l'action collective régionale. C'est pour cela qu'il faut développer une économie sociale et libérer la créativité humaine pour doper l'esprit régional en Afrique.

La deuxième raison est qu'il faut se détourner de l'observation des comportements institutionnels pour comprendre la dynamique des changements qui se jouent dans l'Afrique contemporaine à partir des logiques du monde d'en bas. Deux textes particulièrement intéressants de Célestin Monga[256] ont montré à l'œuvre la société civile critique africaine, ou comment la plupart des transformations et des innovations sociales qui se déroulent sur le continent sont des alternatives populaires aux pratiques politiques courantes et dominantes. Nourris par les travaux de Jean-Marc Ela sur les « logiques du monde d'en bas »[257] et les analyses du « politique par le

[255] Ferguson, Adam. *Essai sur l'histoire de la société civile*. Vol. 2. Chez la veuve Desaint, 1783, p.3.

[256] Voir Monga, Celestin. "Civil society and democratisation in francophone Africa." *The Journal of Modern African Studies* 33.03 (1995): 359-379 et, du même auteur, *Anthropologie de la colère: société civile et démocratie en Afrique,* Paris, L'Harmattan (1994).

[257]Voir Ela, Jean-Marc. *Innovations sociales et renaissance de l'Afrique noire*. Editions L'Harmattan, 1998 et, du même auteur, *Quand l'Etat pénètre en*

bas »[258], ces deux textes montrent comment ces changements prennent au dépourvu les politiciens et les pouvoirs qui occupent la scène officielle. De ce point de vue, la société civile critique est le moteur véritable des transformations institutionnelles nécessaires pour une régionalisation animée par une approche participative et démocratique de la décision pour le développement.

Renouvelant l'« humanisme civique » cher à Tocqueville et au « moment machiavélien » de John Pocock[259], R. Putnam a ainsi écrit que « le contexte social et l'histoire conditionnent profondément l'efficacité des institutions. Lorsque le sol y est fertile, les régions tirent leur substance des traditions, mais lorsque le sol est pauvre, les nouvelles institutions sont bloquées. Des institutions efficaces, capables d'avoir du répondant dépendent, dans le langage de l'humanisme civique, des vertus et des pratiques républicaines »[260] Force de progrès et de contestation à la fois, la société civile revêt un enjeu stratégique dans l'ensemble des sociétés gouvernées. A l'heure où les processus de décisions majeures qui concernent le continent sont justement contrôlés par une expertise extérieure qui impose aux institutions africaines (gouvernements, parlements nationaux ou panafricains, etc.) des orientations ou des bases de réflexion très souvent hors sol, l'apport de la société civile africaine apparaît comme majeur dans le processus de réappropriation.

La troisième raison est qu'on ne peut pas faire l'économie d'une société civile endogène, avec ses caractéristiques africaines et *sui generis.* S'il est nécessaire d'impliquer cette

---

brousse--: les ripostes paysannes à la crise. KARTHALA Editions, 1990 et *Ma foi d'Africain*. KARTHALA Editions, 2009.

[258] Bayart, Jean-François. *Le politique par le bas en Afrique noire*. Karthala Editions, 2008. Mbembe, Achille. "À propos des écritures africaines de soi." *Politique africaine* 1 (2000): 16-43. Bayart, Jean-François, Achille Mbembe, and Comi Toulabor. *Le politique par le bas: Contribution à une problématique de la démocratie en Afrique noire,* Paris, Karthala (1992)

[259] Pocock, John GA. "Le moment machiavélien." *La pensée politique florentine et la tradition républicaine atlantique* (1997): 387-391.

[260] Cité par Célestin Monga, in « La société civile africaine est-elle civilisée ? » chap. VII in Bach, Daniel. *Régionalisation, mondialisation et fragmentation en Afrique subsaharienne*. KARTHALA Editions, 1998, p.105.

composante de la vie publique et citoyenne dans le processus de la régionalisation africaine, on ne doit cependant pas transférer la notion de société civile « civilisée » des pays occidentaux vers des sociétés africaines, en s'efforçant de les débarrasser de cette « barbarie » que princes et peuples auraient en partage, étant tous parties prenantes des « groupes sociaux dont une des principales caractéristiques est la propension à la violence et au déchirement »[261] . A juste titre, Célestin Monga considère la société civile africaine à partir du « chaos silencieux que l'on peut observer dans de nombreux pays où l'Etat n'est pas parvenu à se positionner comme pôle fédérateur des forces centrifuges et producteur de l'ordre symbolique »[262]. A partir de là, la démocratisation des sociétés africaines amorcée dans les années 1990 confirme un processus de désintégration sociale faite de distorsion des liens entre élites et citoyens. Il s'ensuit qu'en Afrique subsaharienne, la société civile représente « l'ensemble des forces dont l'action vise à amplifier le processus d'affirmation de l'identité sociale et de promotion des droits et devoirs attachés à la citoyenneté, ceci par opposition aux pouvoirs publics et aux partis politiques, dont la tendance naturelle est d'ignorer ou de bafouer ces attributs »[263]. Pour comprendre la société civile africaine et l'associer au processus du développement régional, il faut d'emblée considérer la violence des rapports entre sociétés et Etats. L'importance d'une telle orientation, qui privilégie l'autochtonie des besoins et des comportements sociaux, est telle qu'à l'ère de la régionalisation, la valorisation et l'implication d'une société civile doit reposer sur la nécessité de produire de l'action collective à partir de l'expertise indigène.

Dans ce cadre, l'approche participative approfondie que nous soutenons dans le cadre de l'émergence d'une société civile régionale est avant tout de permettre aux acteurs de considérer celle-ci comme un levier de la réconciliation de l'Etat et de la société. Impliquer les *outsiders* de la société

---

[261] Célestin Monga, « La société civile africaine est-elle civilisée ? », *op.cit.*, p.107.
[262] *Ibid.*, p.106.
[263] *Ibid.*, p.107.

civile dans la construction des termes de la gouvernance locale et régionale, c'est réduire les marges de la désintégration et de la dislocation que décrit Célestin Monga. Surtout, il s'agit de produire et de légitimer les institutions qui gouvernent la société à partir d'en bas et en s'inscrivant dans le local au plus près. L'approche participative ferait de la gouvernance régionale et de ses objets la somme des solutions aux besoins éprouvés par l'ensemble des entités socioculturelles constitutives de la région. L'enchevêtrement de ces entités mettrait les différents acteurs sociaux et institutionnels en situation de confiance et d'approche horizontale : l'approche participative met un terme aux processus plaqués de l'extérieur sur les sociétés et donc aux différents paradigmes opérationnels inspirés par une approche verticale du développement social et économique. Les populations et l'ingénierie sociale locale seraient en capacité d'articuler les différents savoirs et savoir-faire du développement pour les mettre au service de la région, en raison d'une synergie qui précède et irradie l'activité de gouverner et de gérer la frontière.

3. Leadership d'acteurs dédiés

L'implication de la société civile dans les pratiques institutionnelles fait de la frontière nationale une passerelle et de la régionalisation une opportunité unique pour réconcilier les populations africaines avec la gouvernance qui s'est très souvent construite contre elles. L'enjeu majeur est ici de tourner le dos aux approches du développement par le haut. Ces approches ont lamentablement échoué au cours des cinquante dernières années. Mais ce changement de cap stratégique ne suffira pas à déployer le potentiel de la région dans l'imaginaire politique du continent : pour être le cadre indispensable et incontournable de l'action politique africaine des décennies avenir, la régionalisation doit être portée à bras le corps par une volonté politique des agents internes. En clair, il faut que la gouvernance régionale devienne *la cause individuelle et la raison d'être bureaucratique des acteurs dédiés et déterminés.* Ceux-ci doivent travailler à densifier le domaine intérieur des organisations pour faire de la région la structure fondamentale du politique en Afrique.

La régionalisation n'est pas en effet une simple question d'articulation de la société civile à une catégorie gouvernante qui serait l'Etat et/ou ses donneurs d'ordre extérieurs. Entre les deux pôles que la bonne gouvernance fait cohabiter, il faut des hommes et des femmes convaincus et rompus à la cause et aux activités de négociation, de prévision et de pédagogie régionales. Pour bien expliquer notre pensée, disons que, lorsqu'on parle de grands « nationalistes », « panafricanistes », etc., on aurait tort de se limiter aux seuls chefs d'Etats ou aux leaders de première ligne. Il y a derrière ces acteurs qui occupent la scène des petites mains d'acteurs bureaucratiques qui se dépensent sans compter pour que ça marche, et parfois sous plusieurs mandatures et sous plusieurs leaders qui se succèdent ou contre leur plein gré.

De ce point de vue, la situation n'est pas claire. Si on a pu en effet parler de panafricanistes, de nationalistes en Afrique, il manque, à ce jour et même à l'échelle des leaders de première ligne, de régionalistes africains. Ce manque n'est pas forcément à déplorer : il s'agit bien d'une preuve de ce que nous développons depuis le début de cet ouvrage, à savoir que pour la régionalisation en Afrique, tout reste à faire. De ce point de vue, ce manque est une grande opportunité pour les différents opérateurs mandatés par les Etats africains : ils peuvent ainsi faire de la région leur raison d'être bureaucratique et créer dès lors un réseau de *croyants et de travailleurs pour la région.* Cette ressource humaine de première importance a vocation à se charger, de l'intérieur de ce réseau et, pourquoi pas, de convertir leurs chefs d'Etats et leurs gouvernements nationaux à la cause régionale.

Comme dans la catégorie des chefs d'Etat, il n'y a toujours pas, en effet, d'équivalents africains des réseaux de fonctionnaires actifs engagés dans la fondation des régions africaines. Pour indiquer en quoi un tel réseau est nécessaire et utile, il nous suffira de revenir sur le cas de la construction européenne, portée à bout de bras à ses origines par une poignée de fonctionnaires nationaux convaincus par le projet européen et déterminés à le faire exister et prospérer. Nous avons déjà indiqué que la construction européenne a engagé au départ des compromis idéologiques entre leaders qui étaient sur des lignes très tranchées, y compris à l'intérieur des Etats-nations. Dans l'Europe des années 1940/1950, le spectre des pro-européens va en effet du socialiste Paul-Henri Spaak au libéral Ludwig Erhard en passant par le démocrate-chrétien Walter Hallstein et à Hans von der Groeben. Mais à eux seuls, les entrepreneurs politiques n'auraient pas été capables de produire des compromis idéologiques suffisants pour aboutir au Traité de Rome et faire porter ses conséquences à l'échelle des pays européens. Il fallait s'appuyer sur la détermination de six figures d'hommes d'exception qu'on pourrait qualifier d'« entrepreneurs régionaux » : Monnet, Schuman, Adenauer, Gasperi, Spaak et Bech. Ces « pères de l'Europe » ont en commun la conviction qu'il est nécessaire de régler pacifiquement les conflits continentaux suite aux désastres causés par les deux guerres mondiales et l'impératif de s'opposer au communisme. Un portrait rapide ce ces six « pères de l'Europe » montre qu'ils ont, en plus de ces convictions partagées, des parcours exceptionnels à faire valoir, et qui les prédisposent à devenir des leaders naturels de la cause européenne.

En somme, moins d'une dizaine d'hommes ont porté le projet de la construction régionale en Europe sans être forcément des chefs d'Etat. On peut déplorer qu'en l'état actuel de son développement, la question régionale repose trop sur les épaules d'hommes d'Etats sans vision ou sans détermination suffisante pour imposer le sujet dans l'agenda panafricain. Surtout, la régionalisation africaine manque singulièrement d'entrepreneurs dédiés de la trempe des « pères de l'Europe », c'est-à-dire ses Schuman, ses Adenauer et ses Spaak. Au nom d'une approche naïve de l'authenticité ou de l'autonomie africaine, peu ou personne ne s'en inspire, alors que le but est tout de même de parvenir à ce qu'ils ont, eux, réussi, à savoir imposer une gouvernance supranationale et régionale à l'ensemble des Etats dont ils avaient la charge. Plus encore, des points de consensus manquent à l'échelle des leaders du continents africains, pourtant confrontés tous les jours à des préoccupations possiblement consensuelles (pauvreté de masse, démographie explosive des jeunes, infrastructures manquantes, entrée tardive dans les mutations technologiques et numériques, insécurité galopante, etc.) qui peuvent créer des rapprochements entre de véritables hommes d'Etat. Dans le cas de la construction européenne, ces « pères de l'Europe » sont parvenus à la hauteur des enjeux parce qu'ils étaient eux-mêmes chargés d'histoires de vie denses et riches en expériences susceptibles d'être converties en capital politique. En comparaison, certaines élites africaines chargées de projets stratégiques ne doivent leurs positions qu'à la force des réseaux para-politiques (groupes d'influence, sectes, religions, etc.) ou à la magnanimité d'un chef d'Etat qui est un « frère du village » du postulant ou un entrepreneur politique qui envoie ses concurrents les plus sérieux dans des missions à l'étranger pour les éloigner du pouvoir. La conséquence est que les élites africaines ont rarement de la carrure à imposer et un vécu politique à faire valoir. A moins que, et c'est presque la même chose, le manque d'ambition, de vision ou de visibilité de ceux qui peuvent revendiquer ce statut ne les condamne à l'anonymat et à de simples carrières au sein des institutions panafricaines ou sous régionales sans relief et sans envergure. Dans tous les cas, il est urgent que l'Afrique des régions enfante ou montre ses Schuman et autres Spaak et Monnet…

Conclusion générale

Nous avons voulu montrer comment, en cette fin de la deuxième décennie du XXIème siècle (2017), la régionalisation est devenue un phénomène planétaire de l'économie globale. Après avoir défini et situé ce concept dans son contexte et défini la problématique, les hypothèses et les articulations de l'ouvrage (introduction), nous avons abordé les différentes échelles de rapports entre globalisation et régionalisation (1ère partie). Où l'on a vu que la construction d'une régulation globale a entraîné l'émergence des outils comme le Fonds Monétaire International (FMI), la Banque Mondiale (BM) et l'Organisation Mondiale du Commerce (OMC) dont le principal bras armé (le GATT) a précisément pour enjeu d'encourager la formation des régions articulées pour anticiper et contenir les effets pervers d'une crise de dérégulation de la mondialisation économique (chapitre 1). A partir de là, la régionalisation de l'économie globale est devenue la norme, avec l'émergence des figures régionales parfaitement intégrées comme l'Union Européenne (UE) aux régions à intégration minimaliste qui foisonnent partout dans le monde. La question de la gouvernance régionale et mondiale a aussi été abordée à travers la triade et ce qui reste de la souveraineté économique des Etats à l'heure de la prolifération des zones de libre-échange ou des unions douanières (chapitre 2).

La deuxième partie s'est penchée sur la régionalisation africaine perçue comme un processus en trompe-l'œil. L'histoire et l'état des lieux de la régionalisation africaine ont été abordés (chapitre 3) à partir de l'analyse des situations précoloniale et (post) coloniales, dont les actions cumulées ont donné naissance à quatre grands ensembles régionaux aujourd'hui très inégalement intégrés. Le consensus sur l'échec de la régionalisation africaine a amené à une réflexion approfondie sur les déterminants d'un échec continental (chapitre 4). L'analyse a situé les origines de cet échec dans les promesses institutionnelles non tenues, en dépit des grandes idéologies émancipatrices qui ont accompagné la coopération afro-africaine (souverainisme, panafricanisme, mythologie de l'Etat développeur, etc.).

La troisième partie s'est exercée à repenser la régionalisation africaine, à partir de la déconstruction de l'emprise post-coloniale des outils extérieurs et des dynamiques endogènes susceptibles d'être mobilisées. L'emprise régionale et la capacité de nuisance du Franc CFA ont été analysées (chapitre 5) à travers une cartographie de la zone d'influence, de l'architecture institutionnelle et des enjeux contemporains d'une servitude monétaire. A contrario, l'émergence du NEPAD a été considérée dans l'ouvrage comme la tentative ou l'amorce d'une régionalisation endogène, avec ses débats, ses tensions de leadership qui font de ses objectifs le résultat d'un programme disputé entre l'Afrique francophone et anglophone d'une part, les institutions panafricaines et les bailleurs de fonds internationaux d'autre part. Surtout, et pour la première fois, le NEPAD pose la région comme l'« espace primaire opératoire », ce qui est un pied de nez à la souveraineté nationale, qui est le principal obstacle à la régionalisation. Plus prospective et théorique, la dernière articulation de l'ouvrage (chapitre 7) réfléchit les conditions de possibilité d'un nouveau paradigme régional en Afrique. Où l'on pense qu'en Afrique, les sujets qui pourraient pousser à une mutualisation des forces pour soulager les faiblesses communes sont légion : l'environnement, la famine, l'éducation, etc. Plusieurs de ces sujets sont même engagés au sein des groupes formels ou informels qui perlent au nom de la coopération, voire même de la régionalisation. Le chapitre propose, sous forme d'axes stratégiques, des évolutions méthodologiques et des innovations à introduire pour permettre l'éclosion de l'espace politique régional africain. Le premier axe est la fin de l'extraversion pour promouvoir une régionalisation à la hauteur de l'histoire et des besoins endogènes de l'Afrique. De ce point de vue et en dépit de ses limites, l'émergence du NEPAD sera considérée dans l'analyse comme un tournant. Le deuxième axe stratégique est la mise en place d'un modèle régional participatif. La réussite du projet régional repose sur une implication véritable des populations, encadrées par une société civile agissante, des porteurs d'institutions (Etats et organisations publiques, privées et parapubliques), qui mutualisent leurs actions et agissent sur des pans de l'économie et/ou des secteurs jugés stratégiques. Les trois échelles (locale, nationale, internationale) doivent être articulées pour constituer le socle de la régionalisation.

S'il est nécessaire d'avoir des hommes de conviction que nous avons appelés dans le livre des « entrepreneurs régionaux » l'Afrique n'a pas pour autant besoin ni d'un ou des hommes d'Etats providentiels, ni de grandes idéologies d'encadrement. La régionalisation est l'intelligence stratégique des acteurs impliqués, qui agissent au quotidien en faveur de la mutualisation des forces par la création progressive d'un espace supranational pour partager les coûts et les bénéfices des actions économiques et stratégiques. Il faut en finir avec les incantations et la glose des hommes d'Etat et des experts pour se consacrer véritablement à la tâche de la régionalisation, qui demande humilité, respect mutuel, détermination et sincérité des acteurs.

Bibliographie

1. Travaux universitaires et essais

Adepoju A., 2009. « Les migrations en Afrique de l'Ouest dans le contexte du Protocole sur la libre circulation et de l'approche commune de la CEDEAO ». *In* Club du Sahel, *Les enjeux régionaux des migrations ouest-africaines*. Paris, OCDE, p. 17-50.

Agbohou, Nicolas. *Le Franc CFA et l'Euro contre l'Afrique,* Editions Solidarité Mondiale, 1999.

Allais, Maurice. *Les unions douanières et l'unification fédérale de l'Europe.* Société provençale d'imprimerie et de cartonnage, 1952.

Alioune Sall, V. *Les mutations de l'intégration régionale des Etats de l'Afrique de l'Afrique de l'Ouest,* L'Harmattan, 2007.
Amaïzo, Yves Ekoué. *Naissance d'une Banque de la Zone Franc : 1848-1901 : Priorité aux propriétaires d'esclaves.* Editions L'Harmattan, 2001.

Amin, Samir. "La nouvelle mondialisation capitaliste. Problèmes et perspectives." *Alternatives Sud* 1.1 (1994) : 19-44.

Bach, Daniel C. « Afrique : la déconnexion par défaut ». *Études internationales*, vol. 22, no. 2, 1991.

Balassa, Bela [1961]. *The Theory of Economic Integration* (Routledge Revivals), Routledge, 2013.

Baneth, Jean, « Le GATT et les accords régionaux », *in* Mucchielli, Jean Louis, and Fred Célimène, eds. *Mondialisation et régionalisation : un défi pour l'Europe*. Economica, 1993.

Bayart, Jean-François. *L'Etat au Cameroun.* Presses de la Fondation nationale des sciences politiques, 1979.

Bayart, Jean-François. *L'Etat en Afrique : la politique du ventre.* Fayard, [1989], 2006.

Bayart, Jean-François. "Le crime transnational et la formation de l'État." *Politique africaine* 93.1 (2004) : 93-104.

Bayart, Jean-François. *Le politique par le bas en Afrique noire.* Karthala Editions, 2008.

Bayart, Jean-François, Achille Mbembe, and Comi Toulabor. *Le politique par le bas : Contribution à une problématique de la démocratie en Afrique noire,* Paris, Karthala (1992)

Bayart, Jean-François, Stephen Ellis, and Béatrice Hibou. *La criminalisation de l'Etat en Afrique*. Bruxelles : Editions Complexe, 1997.

Bino Olivi et Alessandro Giacone, *L'Europe difficile : la construction européenne,* Gallimard, 2007.

Bosc, Louis. *Unions douanières et projets d'unions douanières : essai historique et critique,* éd. A. Rousseau, 1904.

Bye, Maurice. "Unions douanières et données nationales." *Economie appliquée* 3 (1950) : 121-157.

Chabal, Patrick, and Jean-Pascal Daloz, *Africa Works: Disorder as political instrument,* African issues, 1999.

Choplin Armelle et Jérôme Lombard, « « Suivre la route ». Mobilités et échanges entre Mali, Mauritanie et Sénégal », *EchoGéo* [En ligne], 14 | 2010, mis en ligne le 16 décembre 2010, consulté le 18 janvier 2017. URL : http://echogeo.revues.org/12127. DOI : 10.4000/echogeo.12127.

Clemens, Michael A., Charles J. Kenny, and Todd J. Moss. " The trouble with the MDGs: confronting expectations of aid and development success." *World development* 35.5 (2007) : 735-751.

Comte, G. "L'entente : un exemple pour les autres états africains." *Europe France outremer : revue internationale* 38.373 (1960) : 16-21.

Coussy, Jean « Causes économiques et imaginaires économiques de la régionalisation », *Cultures & Conflits* [En ligne], 21-22 | printemps-été 1996, mis en ligne le 15 mars 2006, consulté le 16 mars 2016. URL : http://conflits.revues.org/247. Références, édition papier : Coussy, Jean. "Causes économiques et imaginaires économiques de la régionalisation." *Cultures et conflits* 21/22 (1996) : 347-372

Dabène, Olivier. "Chapitre 11/Au-delà du régionalisme ouvert. La gauche latino-américaine face au piège de la souveraineté et de la flexibilité." *Académique* (2012) : 367-399.

Denord, François, and Antoine Schwartz. "L'économie (très) politique du traité de Rome." *Politix* 1 (2010) : 35-56.

Diallo, Boubacar Séga. "Des cauris au franc CFA." *Mali-France : Regards sur une histoire partagée,* ed. GEMDEV et Université du Mali (2005) : 407-31.

Di Delupis, Ingrid Doimi. "The East African Community and Common Market."*The East African Community and Common Market.* (1970).

Diop C. A., *L'unité culturelle de l'Afrique noire.* Paris : Présence africaine, 1982.

Diouf, Abdou « Afrique : l'intégration régionale face à la mondialisation », *Politique étrangère* 2006/4 (Hiver), p. 785-797.

Du Rocher, Sophie Boisseau. *L'ASEAN et la construction régionale en Asie du Sud-Est*. Editions L'Harmattan, 1998.

Ela, Jean-Marc. *Innovations sociales et renaissance de l'Afrique noire.* Editions L'Harmattan, 1998.

Ela, Jean-Marc. *Quand l'Etat pénètre en brousse : les ripostes paysannes à la crise*. KARTHALA Editions, 1990.

Ela, Jean-Marc. *Ma foi d'Africain*. KARTHALA Editions, 2009.

Fall P.D., 2004. *État-nation et migrations en Afrique de l'Ouest : le défi de la mondialisation.* Paris, UNESCO.

Ferguson, Adam. *Essai sur l'histoire de la société civile*. Vol. 2. Chez la veuve Desaint, 1783.

Fligstein (F.), Sweet Stone (A.), « Constructing Polities and Markets: an Institutionalist Account of European Integration », *American Journal of Sociology*, 107 (5), 2002.4.

Fontrier, Marc. « Délitement d'un proto-État : la Sierra Leone. », *Outre-Terre* 2 (2005) : 393-403, et Adam, Michel. "Guerres africaines." *Etudes rurales* 3 (2002) : 167-186.

Foucault, Michel. *Sécurité, territoire, population : cours au Collège de France, 1977-1978.* Gallimard, 2004.

Foucault, Michel. "La gouvernementalité." *Dits et écrits* 3 (1994) : 635-657.
Foucault, Michel. *Surveiller et punir. Naissance de la prison.* Editions Gallimard, 2014.

Fukuyama, Francis, and Denis-Armand Canal. *State building : gouvernance et ordre du monde au XXIe siècle*. La Table ronde, 2005.

Gayon, Vincent. « Le crédit vacillant de l'expert. L'OCDE face au chômage dans les années 1990 et 2000 », *Cultures & conflits* 75 (2009) : 53-73.

Ghadhi, Ahmed Mohamed, *La longue marche de l'Afrique vers l'intégration, le développement et la modernité politique*, L'Harmattan, 2009, 572 p.

Goerg, Odile. "La destruction d'un réseau d'échange précolonial : l'exemple de la Guinée." *The Journal of African History* 21.04 (1980) : 467-484.

Hirsch, Joachim. "Nation-state, international regulation and the question of democracy." *Review of International Political Economy* 2.2 (1995) : 267-284.

Hegel, G.W.F., *La Raison dans l'histoire. Introduction à la philosophie de l'histoire,* Paris, UGE, 1965.

Herbert, Ross. " Implementing NEPAD: A critical assessment." *African Report-Assessing the New Partnership* (2002) : 93-134.

Hibou, Béatrice. "Le 'capital social'de l'Etat falsificateur, ou les ruses de l'intelligence économique."in Jean-Francois Bayart, Stephen Ellis et Béatrice Hibou (dir. publ.) *La criminalisation de l'Etat en Afrique.* Editions Complexe (1997).

Hibou, Béatrice. "Economie politique du discours de la Banque mondiale en Afrique sub-saharienne." *Etudes du CERI* 39 (1998) : 1-46.

Hugon, Philippe. *L'économie de l'Afrique*, La Découverte, 7ème édition (2013).

Hugon, Philippe. "L'Afrique, la régionalisation et le NEPAD.", in *L'Afrique aujourd'hui,* n°452-453, mars-avril 2003.

Hugon, Philippe. "Le NEPAD entre partenariat et gestion des conflits." *Politique étrangère* (2003) : 335-350.

Husson, Michel. "Les fausses évidences du marché : le cas de l'accord de libre-échange nord-américain." *Cahiers des Sciences Humaines,* 30.1-2 (1994) : 91-109.

Igue, Ogunsola John. *Les villes précoloniales d'Afrique noire*. KARTHALA Editions, 2008.

Keohane, Robert O. *After hegemony: Cooperation and discord in the world political economy*. Princeton University Press, 2005.

Lara, Oruno Denis. *La naissance du panafricanisme : les racines caraïbes, américaines et africaines du mouvement au XIXe siècle*. l'Harmattan, 2015.

Laville, Jean-Louis, et *al. Association, démocratie et société civile*. La Découverte, 2010.

Leguil-Bayart, Jean-François. "L'Afrique dans le monde : une histoire d'extraversion." *Critique internationale,* 5.5 (1999) : 97-120.

Malinda, Smith, ed. *Beyond the 'African tragedy': discourses on development and the global economy*. Ashgate Publishing, Ltd., 2006.

Marcou, Gérard. *La régionalisation et ses conséquences sur l'autonomie locale*. Vol. 64. Council of Europe, 1998.

Mbembé, J. Achille. "La palabre de l'indépendance : les ordres du discours nationaliste au Cameroun (1948-1958)." *Revue française de science politique* (1985) : 459-487.

Mbembe, Achille. "À propos des écritures africaines de soi." *Politique africaine* 1 (2000) : 16-43.

Mbembe, Achille. *Du gouvernement privé indirect*. Vol. 73. No. 1. Editions Karthala, 1999.

McElroy, Wendy *West Africa and Colonialism*, part.1, By January 11, 2005, disponible sur http://fff.org/explore-freedom/article/west-africa-colonialism-part-1).

Médard, Jean-François. "La spécificité des pouvoirs africains in Les pouvoirs africains." *Pouvoirs. Revue Française d'Etudes Constitutionnelles et Politiques,* Paris 25 (1983) : 5-22.

Médard, Jean-François. "L'État néo-patrimonial en Afrique noire." *États d'Afrique noire. Formations, mécanismes et crise* (1991) : 323-353.

Médard, J-F. "La crise de l'Etat néo-patrimonial et l'évolution de la corruption en Afrique sub-saharienne." *Mondes en développement* 26.102 (1998) : 55-68.

Médard, Jean-François, « Etat, démocratie et développement : l'expérience du Cameroun », in Sophia Mappa (dir.), *Développer par la démocratie ?* Paris, Forum de Delphes, Karthala, p.355-390.

Médard, Jean-François. *L'état sous-développé en Afrique noire : clientélisme politique ou néo-patrimonialisme ?* Vol. 1. Centre d'étude d'Afrique noire, Institut d'études politiques de Bordeaux, Domaine Universitaire, 1982.

Melber, Henning. "III. AFRICAN DEVELOPMENT: The New Partnership for Africa's Development (NEPAD)—Old Wine in New Bottles?" *Forum for Development Studies*. Vol. 29. No. 1. Taylor & Francis Group, 2002.

Mérino, Mathieu. "L'intégration régionale «par le bas», force de l'East African Community (EAC)." *Géoéconomie* 3 (2011) : 133-147.

Miege, Jean-Louis. "La Libye et le commerce transsaharien au XIXe siècle." *Revue de l'Occident Musulman et de la Méditerranée* 19.1 (1975) : 135-168.

Monga, Celestin. "Civil society and democratisation in francophone Africa." *The Journal of Modern African Studies* 33.03 (1995) : 359-379.

Monga, Celestin. *Anthropologie de la colère : société civile et démocratie en Afrique,* Paris, L'Harmattan (1994).

Monga, Célestin « La société civile africaine est-elle civilisée ? » chap. VII in Bach, Daniel. *Régionalisation, mondialisation et fragmentation en Afrique subsaharienne*. KARTHALA Editions, 1998.

Monzala, Wenceslas Sacré Cœur « Les initiatives d'intégration régionale en Afrique de l'Ouest : analyse du cadre institutionnel de la CEDEAO », mémoire de l'Université Africaine de technologie et de management UATM-GASA - 2009.

Morlat, Patrice, « Projets coloniaux et mise en pratique : la politique des « fils » de Sarraut en Indochine dans les années vingt », *Cahiers d'histoire. Revue d'histoire critique* [En ligne], 85 | 2001, mis en ligne le 01 octobre 2004, consulté le 21 octobre 2016. URL : http://chrhc.revues.org/1735).

Mugomba, Agrippah T." Regional organizations and African underdevelopment: The collapse of the East African Community." *The Journal of Modern African Studies* 16.02 (1978) : 261-272.

Naudet Jean-David, « Les OMD et l'aide de cinquième génération. Analyse de l'évolution des fondements éthiques de l'aide au développement », *Afrique contemporaine*, 2/2006 (n° 218), p. 141-174.

Nduwimana, Françoise. *Société civile africaine : enjeux et perspectives d'une prise de conscience*. Partnership Africa Canada, 2004.

Nkrumah, Kwame, Roberta Arrigoni, and Giorgio Napolitano. *Africa must unite*. London : Heinemann, 1963.

Nubukpo, Kako, Bruno Tinel, Demba Moussa Dembélé, Martial Ze Belinga, *Sortir l'Afrique de la servitude monétaire. A qui profite le franc CFA ?*, Paris, Editions La Dispute, octobre 2016.

Ohmae, Kenichi. *The borderless world: Power and strategy in the global marketplace*. Harper Collins, 1994 et, du même auteur, "The next global stage." *Wharton School Publising* (2005).

Ohmae, Kenichi. "Managing innovation and new products in key Japanese industries." *Research Management* 28.4 (1985) : 11-18

Ohmae, Kenichi. "The global logic of strategic alliances." *Harvard business review* 67.2 (1989) : 143-154.

Ohmae, Kenichi, *Triad power: the coming shape of global competition*, New York, Free Press, 1985. Traduction française : Ohmae Kenichi (trad. Chantal Pommier, préf. François Dalbe), *La Triade : émergence d'une stratégie mondiale de l'entreprise*, Paris, Flammarion, 1985.

Ohmae, Kenichi. " Becoming a triad power: The new global corporation." *International Marketing Review* 3.3 (1986) : 7-20.

Ohmae, Kenichi, and Carlo Luigi Rossi. *Strategie creative: the mind of the strategist*. Ipsoa, 1985.

Ossa, Albert Ondo. *Taux de change du franc cfa et construction européenne*. Center for Economic Research on Africa, Department of Economics and Finance, School of Business Administration, 1992.

Pocock, John GA. "Le moment machiavélien." *La pensée politique florentine et la tradition républicaine atlantique* (1997) : 387-391.

Ravenhill, John. " Regional integration and development in Africa: lessons from the East African Community." *Journal of Commonwealth & Comparative Politics* 17.3 (1979) : 227-246.

Reza, Germán A. "Le régionalisme ouvert latino-américain : un essai d'interprétation systémique." *Cahiers des Amériques latines* 2014.75 (2014) : 177-198.

Révillon, Jérémy. "Une Afrique de l'Est ou des Afrique de l'Est ?" *Afrique contemporaine* 1 (2015) : 69-86

Richard Joseph, A. *Radical Nationalism in Cameroun : social origins of the UPC rebellion*. Oxford : Clarendon Press, 1977.

Sène, Papa Lafatime, *Les initiatives d'intégration en Afrique,* Pierre Mendès France Grenoble II - Master de Droit international public et européen 2005.

Sindjoun, Luc. *L'État ailleurs : entre noyau dur et case vide*. Economica, 2002.

Siroen, Jean-Marc, *La régionalisation de l'économie mondiale,* Paris, La découverte [2000], 2004.

Siroën, Jean-Marc. *L'OMC et la mondialisation des économies*. Confédération française de l'encadrement, 1998.

Ténier, Jacques. « Intégrations régionales et mondialisation : complémentarité ou contradiction. », No. 5170-5171. *La documentation française*, 2003.

Verschave, François-Xavier. *De la Françafrique à la Mafiafrique*. Tribord, 2004.

Vircoulon, Thierry. « L'Afrique à l'heure du nouveau régionalisme sécuritaire », 1 Mars 2017. Disponible sur http://theconversation.com/lafrique-a-lheure-du-nouveau-regionalisme-securitaire-72945

Vlassenbroek, Julien « Le NEPAD ou l'ère de la conditionnalité intériorisée », mémoire de recherches soutenu en vue de l'obtention du Diplôme d'études spécialisées en études du développement, Université de Louvain-La-Neuve (UCL), 2005, disponible sur http://www.memoireonline.com/06/06/164/m_nepad-conditionnalite-interiorisee0.html

Wade, Abdoulaye, « Le financement entre récession économique et crise des projets politiques », préface à Hakim Ben Hammouda et Moustapha Kassé (dir.), *LE NEPAD et les enjeux du développement en Afrique,* Paris, éd. Maisonneuve & Larose, p.9-10.

Yann, Richard. "Régionalisation, régionalisme et intégration régionale : concepts flous et nécessaire clarification." La régionalisation du monde. Construction territoriale et articulation global/local (2014) : 23.

2. Articles de presse, documents et rapports

Adda, Jacques. « La régionalisation du monde », *Alternatives Economiques* n° 316 - septembre 2012, disponible sur http://www.alternatives-economiques.fr/la-regionalisation-du-monde_fr_art_1162_60131.html.

Africanews, http://fr.africanews.com/2016/10/01/des-economistes-africains-contredisent-carlos-lopes-sur-le-franc-cfa/.

Afric.com, « Idriss Déby appelle les pays africains à se débarrasser du Franc CFA », article disponible sur http://www.afrik.com/idriss-deby-appelle-les-pays-africains-a-se-debarrasser-du-franc-cfa#lUg6D2R0rlGsGCVe.99

Amaïzo, Yves Ekoué « On fait comment pour sortir du Franc CFA ? Une solution de transition en affectant une partie des réserves africaines », disponible sur https://blogs.mediapart.fr/francois-fabregat/blog/190815/faitcomment-pour-sortir-du-franc-cfa-une-solution-de-transition-en-affectant-une-partie-des

Association des Banques centrales africaines, « Gros potentiel de croissance pour le commerce interafricain », disponible sur http://www.aacb.org/fr/toute-l-actualite/gros-potentiel-de-croissance-pour-le-commerce-interafricain

Banque Africaine pour le Développement (BAD), *Rapports annuels sur le développement africain*, Abidjan, 2002.

BAD, « Programme de Développement des Infrastructures en Afrique (PIDA) », disponible sur https://www.afdb.org/fr/topics-and-sectors/initiatives-partnerships/programme-for-infrastructure-development-in-africa-pida/

BAD, « Indice de l'intégration régionale en Afrique : l'Afrique de l'Est ouvre la voie, selon le nouveau rapport », disponible sur https://www.afdb.org/fr/news-and-events/article/east-africa-leads-the-way-in-regional-integration-says-index-15554/

BAD, OCDE, PNUD (2016), *Perspectives économiques en Afrique : villes durables et transformation structurelle.*

Banque de France, « Présentation de la zone franc », disponible sur https://www.banque-france.fr/eurosysteme-et-international/zone-franc/presentation-de-la-zone-franc.html

Banque Mondiale « Le NEPAD lance une initiative pour la résilience et la restauration des paysages d'Afrique », posté le 06 décembre 2015, disponible sur http://www.banquemondiale.org/fr/news/press-release/2015/12/06/nepad-launches-initiative-for-the-resilience-and-restoration-of-african-landscapes

Banque mondiale, « L'intégration régionale est la clef de l'avenir de la compétitivité de l'Afrique », communiqué de presse, Le Cap, 09 mai 2013, disponible sur http://www.banquemondiale.org/fr/news/press-release/2013/05/09/regional-integration-key-to-africa-s-future-competitiveness

Banque Mondiale, « Données. Afrique du Sud », disponible sur http://donnees.banquemondiale.org/pays/afrique-du-sud

Bello, Abdoul Salam, « Intégration régionale : quelles leçons les États africains devraient-ils tirer du Brexit ? », in *Jeune Afrique magazine*, mis en ligne le 12 juillet 2016, disponible sur http://www.jeuneafrique.com/341158/politique/integration-regionale-lecons-etats-africains-devraient-tirer-brexit/

Boursorama.com, « Afrique : le franc CFA "n'est pas en crise", selon ses responsables », disponible sur http://www.boursorama.com/actualites/afrique-le-franc-cfa-n-est-pas-en-crise-selon-ses-responsables-eeaf6407387d7a4968fcd515855b1cda

Brittain, Victoria « La stratégie de survie du pouvoir blanc : Guerre ouverte contre les Etats de la « ligne de front » », *Le Monde diplomatique*, février 1988, disponible sur https://www.monde-diplomatique.fr/1988/02/BRITTAIN/40613

CEEAC, « Traité instituant la Communauté Economique des Etats de l'Afrique Centrale », Libreville 18 octobre 1983.

Cécile-Robert, Anne « Le Plan de Lagos », *Le Monde Diplomatique,* disponible sur https://www.monde-diplomatique.fr/mav/141.

Club Diallo Telli, "Le Commerce Interafricain et ses Piliers - Relais de Croissance Face à la Crise Economique Mondiale", http://www.clubdiallotelli.org/le-commerce-interafricain

Commission de l'Océan Indien, « Pays membres de la COI », disponible sur http://commissionoceanindien.org/membres/

Commission pour l'Afrique, *Notre intérêt commun : rapport de la Commission pour l'Afrique,* 2005.

Courrier International, « Fmi, omc, banque mondiale. Malades de la mondialisation », disponible sur http://www.courrierinternational.com/article/2007/07/26/malades-de-la-mondialisation

CUA/BAD/CEA, « Indice de l'intégration régionale en Afrique Indice de l'intégration régionale en Afrique », publication de l'Union Africaine, Rapport 2016.

DANIDA, *Accelerating Trade in West Africa (ATWA)* Stage 1 Report, prepared by SAANA Consulting, Final report, November 2015.

Deby, Idriss, Entretien au journal *Jeune Afrique*, publié le 06 février 2017, disponible sur http://www.jeuneafrique.com/mag/398067/politique/idriss-deby-itno-lieu-de-donner-lecons-loccident-ecouter-avis/

FMI, « Le cadre de l'action du FMI face à la mondialisation », disponible sur https://www.imf.org/external/np/exr/ib/2002/fra/031502f.htm

Fonds Monétaire International (FMI), *Afrique subsaharienne. Pour une croissance durable et plus solidaire,* Études économiques et financières, Perspectives économiques régionales, avril 2014.

Gnangenon, Amandine, « Le rôle des Communautés économiques régionales dans la mise en œuvre de l'Architecture africaine de paix et de sécurité », Délégation aux affaires stratégiques, chargé de mission études Sous-direction Politique et Prospective de défense, 2010.

Kagame, Paul, "Address by President Kagame at the Retreat of AU Heads of State and Govt", Addis Ababa, January 29, 2017, published on February 06, 2017, available on
http://www.newtimes.co.rw/section/article/2017-02-06/207735/

Kilosho Barthélemy (son site) « Afrique : le NEPAD, 7 ans après, reste un coup d'épée dans l'eau ? », disponible sur http://www.agoravox.fr/tribune-libre/article/afrique-le-nepad-7-ans-apres-reste-55560

Landau, Jean-Pierre. *Les nouvelles contributions financières internationales : Rapport au President de la République.* La Documentation Française, 2004.

Le Monde Afrique « A Addis-Abeba, le Maroc gagne son retour dans l'Union africaine en savoir plus sur http://www.lemonde.fr/afrique/article/2017/01/30/l-union-africaine-decide-de-reintegrer-le-maroc

Lemonde.fr, « Carlos Lopes quitte la commission économique pour l'Afrique ». En savoir plus sur
http://www.lemonde.fr/afrique/article/2016/09/29/carlos-lopes-quitte-la-commission-economique-pour-l-afrique_5005478_3212.html#uwUxOQdhlGopCtis.99

Le Pautremat, Pascal « L'Afrique : entre défis et succès potentiels, loin des fatalités », post du 3 octobre 2015 sur Diploweb.com, *La revue géopolitique,* disponible sur http://www.diploweb.com/L-Afrique-entre-defis-et-succes.html

Leroueil, Jacques « La SADC : géant ou nain africain ? », disponible sur http://terangaweb.com/la-sadc-geant-ou-nain/

Light, Margot. "La galaxie CEI 1991-2006." *Le Courrier des pays de l'Est,* 3 (2006) : 14-25
Mayaki, Assane, Secrétaire exécutif du NEPAD, « L'agriculture, levier de la transformation économique de l'Afrique », Avant-propos à NEPAD, *Les Agricultures africaines : Transformations et perspectives* (2013), disponible sur http://www.un.org/fr/africa/osaa/pdf/pubs/2013africanagriculturesf.pdf

Mouissi, Mays « CEEAC : L'intégration économique et régionale toujours attendue », disponible sur http://www.mays-mouissi.com/2015/03/29/ceeac-lintegration-economique-et-regionale-toujours-attendue/

Nalletamby, Stefan « Avant-propos, Banque Africaine de Développement » in UA, ONU/CEA, BAD, *Indice de l'intégration régionale en Afrique.* Rapport 2016

Nations Unies, Assemblée générale, Doc. A/59/206.

NEPAD, *Principaux résultats en matière de développement. Rapport d'activités.* Exercice 2015.

NEPAD, "COMMUNITY OF PRACTICE | Comprehensive Africa Agriculture Development Programme (CAADP)", available on http://www.nepad.org/cop/comprehensive-africa-agriculture-development-programme-caadp.

OMC, « Les années GATT : de La Havane à Marrakech », disponible sur https://www.wto.org/french/

OMC, « Naissance du GATT », disponible sur https://www.wto.org/FRENCH/news_f/pres97_f/pr081_f.htm

OMC (2014) « Evolution du commerce mondial », sur : https://www.wto.org/french/res_f/statis_f/its2014.

Organisation mondiale du commerce (OMC), *Statistiques du commerce international 2015.*

OSSAA, « Le Programme détaillé pour le développement de l'agriculture africaine (PDDAA) », sur http://www.un.org/fr/africa/osaa/peace/caadp.shtml

Pani, Marco « Bulletin du FMI : Croissance vigoureuse en Afrique subsaharienne, mais aussi des difficultés à surmonter », posté le 20 octobre 2014,
https://www.imf.org/fr/News/Articles/2015/09/28/04/53/socar102014a

Pouchard, Alexandre « Qu'est-ce que le forum de Davos ? », disponible sur http://www.lemonde.fr/les-decodeurs/article/2016/01/20/qu-est-ce-que-le-forum-de davos

PWC, *The Africa business agenda. Seeing the glass half-full,* May 2016, 5th edition.

Sachs, Jeffrey D. *Investir Dans Le Développement : Plan Pratique Pour Réaliser Les Objectifs Du Millénaire Pour Le Développement.* Millennium Project, 2005.

THE AFRICAN UNION COMMISSION, *Agenda 2063. Framework Document. The Africa We Want,* September 2015.

UE, « La politique européenne de voisinage », disponible sur http://www.europarl.europa.eu

UGEUX, Bernard « La société civile en Afrique : fragile et déterminée », tribune du 17/02/2016 dans *La vie. Lettres d'Afrique,* disponible sur http://www.lavie.fr/blog/bernard-ugeux/la-societe-civile-en-afrique-fragile-et-determinee, 4604

UNECA, *Rapport économique sur l'Afrique 2015 : l'industrialisation par le commerce,* chap.4, p.100, Disponible sur http://www.uneca.org/sites/default/files/uploaded-documents/ERA/ERA2015_Fr/chap4.pdf.

UNECA, « Points forts - Indice de l'intégration régionale en Afrique-Rapport 2016 », disponible sur http://www.uneca.org/fr/oria/pages/points-forts-indice-de-lint%C3%A9gration-r%C3%A9gionale-en-afrique-indice-de-lint%C3%A9gration-r%C3%A9gionale.

UNECA, "The new African initiative: a merger of the millennium African renaissance partnership programme (MAP) and the omega plan", disponible sur http://repository.uneca.org/handle/10855/3319).
Afrique Renouveau, Décembre 2011. Consulté en ligne sur http://www.un.org/africarenewal/fr/magazine/december-2011/%C2%AB-en-10-ans-d%E2%80%99existence-le-nepad-r%C3%A9ussi-beaucoup-de-choses-%C2%BB

Zhang, Juan « L'appui à la convergence macroéconomique dans les CER en Afrique », Documents de Politique sur l'intégration régionale N°001-Décembre 2012, NEPAD.

Table des matières

La géographie
aux éditions L'Harmattan

Dernières parutions

NATURES
Miroir des hommes ?
Sous la direction de Sylvie Guichard-Anguis, Anne-Marie Frérot et Antoine Da Lage
La Nature, par définition, n'a rien à dire. Elle est silencieuse. Pourtant, l'homme l'a toujours couverte d'intentions. Cette nature qui nous environne et nous domine répond aussi à nos besoins. Mais, selon les lieux, les époques, s'agit-il des mêmes besoins et mêmes populations ? Cette problématique invite le lecteur au voyage : voyage au cœur des lieux de nature, au cœur des cultures humaines, peut-être au cœur de l'homme lui-même. La condition humaine dans la Nature est une construction aux multiples facettes, reposant sur les perceptions, les représentations, sur les imaginaires et les cultures.
(Coll. Géographie et cultures, 30.00 euros, 336 p.)
ISBN : 978-2-343-03367-9, ISBN EBOOK : 978-2-336-35223-7

ÉTAT (L') ET SA POLITIQUE EXTÉRIEURE
La géographie des diplomates
Villard Jean-Pierre
Dans le cadre de négociations en vue de formaliser un traité de paix, les diplomates font bon usage de documents géographiques. Lors de certaines négociations, des géographes sont associés. Aujourd'hui, les géographes ont moins les faveurs des gouvernements et des médias. Les attaques maladroites contre la géographie classique, dans le sillage des évènements de mai-juin 1968, ont causé du tort à cette discipline. L'auteur de cet ouvrage propose de montrer que la géographie est d'une grande utilité pour les diplomates.
(Coll. Territoires de la géographie, 27.00 euros, 260 p.)
ISBN : 978-2-343-03246-7, ISBN EBOOK : 978-2-336-35275-6

GÉOGRAPHIE D'INTERFACES
Formes de l'interface humanité/espaces terrestres
Brun-Picard Yannick
Cet ouvrage met en lumière des potentialités ouvertes de l'emploi et de la validation du concept d'interface humanité/espaces terrestres pour la géographie et par extension pour toutes les sciences humaines, pour lesquelles les liens entre la surface terrestre, les activités anthropiques, les finalités et les acteurs sont imbriqués au sein de la construction de territoires de nature et de destination parfois opposées.
(Coll. Logiques sociales, 27.00 euros, 264 p.)
ISBN : 978-2-343-00322-1, ISBN EBOOK : 978-2-296-53292-2

RÉPONSE (LA) DE L'OISEAU
Qu'attendent de nous les animaux ?
Sastre Danièle
Depuis toujours le projet de domestication inclut le fait de faire naître les animaux pour les tuer, à un moment ou à un autre. Tant que l'homme n'aura pas clairement défini ce qu'est l'animal pour lui - ce que sont les animaux pour les hommes - les choses ne pourront pas avancer. Cet ouvrage a été supervisé par des spécialistes en chacune des matières abordées, philosophie, droit, biologie, peinture.
(19.00 euros, 200 p.)
ISBN : 978-2-296-99850-6, ISBN EBOOK : 978-2-296-53394-3

MORT (LA) EST DANS LE PRÉ
Guéret Eric
«Quand on découvrira toute la vérité sur les dangers des pesticides, ce sera un scandale pire que celui du sang contaminé. Je n'ai pas de raisons de me taire». L'agriculteur qui nous parle est atteint d'un cancer à 47 ans. C'est une victime des pesticides qu'il manipule tous les jours. Des centaines d'agriculteurs sont frappés, victimes des produits phytosanitaires. Diagnostics : maladie de Parkinson, leucémie, cancers... Une immersion auprès de ces agriculteurs atteints de maladies mortelles.
(20.00 euros)
ISBN : 978-2-336-00811-0

PRZEWALSKI
Le dernier cheval sauvage
Charbonnier Laurent, Garing Dominique
Les chevaux de Przewalski sont une espèce considérée comme éteinte à l'état sauvage depuis environ un demi-siècle. Nous assisterons au retour d'une dizaine d'entre eux en Mongolie dont ils sont originaires, grâce au travail de l'association Takh qui depuis vingt ans œuvre pour rendre ces animaux à la liberté.
(20.00 euros)
ISBN : 978-2-336-29410-0, ISBN EBOOK : 978-2-296-53462-9

MOTS (LES) DE L'EAU
Dictionnaire des eaux douces – De la métrique à la symbolique
Bethemont Jacques
Ce siècle sera celui de l'eau rare, précieuse, convoitée et difficile à partager. Mais de quoi est-il question ? Il y a l'eau des ingénieurs et celle des poètes, l'eau des agriculteurs et celle des urbanistes, l'eau des stratèges et celle des pèlerins. Il y a le miracle de l'eau qui vivifie les déserts et la malédiction de la grêle ou de la crue. Ce dictionnaire présente diverses formes, usages et symboles de l'eau en assumant les approches du scientifique, de l'ingénieur et du poète.
(34.50 euros, 334 p.)
ISBN : 978-2-336-00562-1, ISBN EBOOK : 978-2-296-50868-2

COURS (LES) D'EAU FRANÇAIS – Approche quantitative
Giret Alain
Il existe peu d'ouvrages synthétiques consacrés à l'hydrologie des fleuves métropolitains dans leur ensemble. Les cours d'eau français font l'objet de

mesures hydrométriques depuis le milieu du XIXe siècle et surtout au XXe siècle. Sont ici analysés plus de 2900 jaugeages depuis 1863.
(31.00 euros, 300 p.)
ISBN : 978-2-296-96556-0

IMAGINAIRE (L') DES CARTES
Castoldi Alberto
Dès l'Antiquité jusqu'à nos jours, «l'oeil-monde» s'est attaché à donner forme au monde que nous habitons par le truchement et l'imaginaire des cartes. À côté des cartes scientifiques, on découvre, dans un séduisant voyage, les cartes imaginaires, allégoriques, utopiques, littéraires, virtuelles. (Cartes et illustrations en couleur.)
(Coédition Bergamo University Press Edizioni Sestante, 15.00 euros, 100 p.)
ISBN : 978-2-296-55754-3

L'Harmattan Italia
Via Degli Artisti 15; 10124 Torino
harmattan.italia@gmail.com

L'Harmattan Hongrie
Könyvesbolt ; Kossuth L. u. 14-16
1053 Budapest

L'Harmattan Kinshasa
185, avenue Nyangwe
Commune de Lingwala
Kinshasa, R.D. Congo
(00243) 998697603 ou (00243) 999229662

L'Harmattan Congo
67, av. E. P. Lumumba
Bât. – Congo Pharmacie (Bib. Nat.)
BP2874 Brazzaville
harmattan.congo@yahoo.fr

L'Harmattan Guinée
Almamya Rue KA 028, en face
du restaurant Le Cèdre
OKB agency BP 3470 Conakry
(00224) 657 20 85 08 / 664 28 91 96
harmattanguinee@yahoo.fr

L'Harmattan Mali
Rue 73, Porte 536, Niamakoro,
Cité Unicef, Bamako
Tél. 00 (223) 20205724 / +(223) 76378082
poudiougopaul@yahoo.fr
pp.harmattan@gmail.com

L'Harmattan Cameroun
TSINGA/FECAFOOT
BP 11486 Yaoundé
699198028/675441949
harmattancam@yahoo.com

L'Harmattan Côte d'Ivoire
Résidence Karl / cité des arts
Abidjan-Cocody 03 BP 1588 Abidjan 03
(00225) 05 77 87 31
etien_nda@yahoo.fr

L'Harmattan Burkina
Penou Achille Some
Ouagadougou
(+226) 70 26 88 27

L'Harmattan Sénégal
10 VDN en face Mermoz, après le pont de Fann
BP 45034 Dakar Fann
33 825 98 58 / 33 860 9858
senharmattan@gmail.com / senlibraire@gmail.com
www.harmattansenegal.com

Achevé d'imprimer par Corlet Numérique - 14110 Condé-sur-Noireau
N° d'Imprimeur : 137656 - Dépôt légal : avril 2017 - *Imprimé en France*

www.ingramcontent.com/pod-product-compliance
Lightning Source LLC
LaVergne TN
LVHW010931061026
849535LV00007B/2343